非物质文化遗产的产业化与多维创新发展路径

黄大帅 ◎ 著

吉林出版集团股份有限公司

图书在版编目（CIP）数据

非物质文化遗产的产业化与多维创新发展路径 / 黄
大帅著. — 长春：吉林出版集团股份有限公司，2024.6
ISBN 978-7-5731-5094-3

Ⅰ．①非… Ⅱ．①黄… Ⅲ．①非物质文化遗产－文化
产业－产业发展－研究－中国 Ⅳ．①G124

中国国家版本馆 CIP 数据核字（2024）第 110322 号

非物质文化遗产的产业化与多维创新发展路径

FEIWUZHI WENHUA YICHAN DE CHANYEHUA YU DUOWEI CHUANGXIN FAZHAN LUJING

著　　者	黄大帅
责任编辑	曲珊珊　张继玲
封面设计	林　吉
开　　本	710mm×1000mm　　1/16
字　　数	180 千
印　　张	13
版　　次	2024 年 6 月第 1 版
印　　次	2024 年 6 月第 1 次印刷
出版发行	吉林出版集团股份有限公司
电　　话	总编办：010-63109269
	发行部：010-63109269
印　　刷	廊坊市广阳区九洲印刷厂

ISBN 978-7-5731-5094-3　　　　　　　　　　　　　　定价：78.00 元

前　言

非物质文化遗产是人类几千年来劳动和智慧的结晶，是一种活态文化，具有无形性和传承性特点。随着时代的进步和经济的飞速发展，非物质文化遗产的传承和保护也面临着严峻的挑战，其传承和保护成为当前国家和社会关注的重点领域，传承和保护非物质文化遗产具有重要的现实意义。非物质文化遗产，作为人类文明的重要载体，承载着深厚的历史文化底蕴和民族智慧。随着全球化进程的推进和现代化进程的加速，非物质文化遗产的传承与保护面临着前所未有的挑战。为了实现非物质文化遗产的可持续发展，产业化与多维创新发展路径成为了必然选择。

非物质文化遗产的产业化，不仅意味着将其转化为具有市场潜力的文化产品，更在于通过产业化的手段，推动非物质文化遗产的传承、传播和创新。多维创新则是指在保护非物质文化遗产原真性的基础上，通过跨领域、跨文化的合作与交流，实现非物质文化遗产在内容、形式、传播手段等多个维度的创新。

文化是一个民族的精神家园，是国家发展和民族振兴的主要推动力。非物质文化遗产作为中华优秀传统文化的重要组成部分，其保护与传承需要全社会的共同参与。非物质文化遗产不仅是历史的见证，更是民族智慧的结晶，它们承载着我们丰富的文化内涵和深厚的情感记忆。

在全社会的不懈努力下，我们相信非物质文化遗产的保护与传承将会取得更加显著的成果。让我们携手努力，共同守护这份宝贵的文化遗产，让它们成为民族的精神财富，为国家的发展和民族的振兴贡献力量。

由于作者水平有限，不足之处在所难免，敬请读者指正。

黄大帅

2024 年 2 月

目　录

第一章　非物质文化遗产及其产业化概述

文化是一个复杂的概念，当它与政治、经济并列使用时，特指精神财富，如文学、艺术、教育和科学等。但是，文化又是一种历史现象，是历史发展的体现，如人们所言中华文化、红山文化、仰韶文化等。从这一层面理解，文化是指人类在社会发展过程中所创造的物质财富和精神财富的总和，特指精神财富，这是《现代汉语词典》所载的基本内涵。当然，我们还可以把文化解释为运用文字及一般知识的能力，如文化水平等。

第一节　非物质文化遗产概念和特征

一、非物质文化遗产概念

（一）文化遗产的内涵

狭义的遗产通常指死者遗留下的财产。从继承法的角度理解，则指归个人所有的财产和法律规定可以继承的其他财产权益，即不具有精神内容的、有形的和无形的财产。广义的遗产包括人类历史上遗留下来的精神财富和物质财富。

我们所了解的文化遗产恰恰是从广义的遗产内涵延伸出来的，所以文化遗产应指人们在一定的历史时期创造的，以有形和无形所表现的，具有历史价值、文化价值、艺术价值和科学研究价值的遗存。

那么，应该从哪些方面剖析文化遗产的本质属性才能使其内涵更加清晰呢？作为一个概念的内涵，应当是其本身所固有的属性决定其性质、特征、面貌、价值和外延。文化遗产内涵的本质属性包括以下几个方面：

一是时代性，即任何形式的文化遗产都深深地镌刻着时代的烙印，是某个时代政治、经济、文化、军事、科学以及自然等方面的写照。时代指的是一个时间段，它对于了解和认识文化遗产的内涵、评价文化遗产的历史价值不可或缺。时代性是文化遗产最为丰富、最有研究价值的内涵。不管是有形的文化遗产，如文物、遗迹，还是无形的文化遗产，如民间文学艺术，无不具有或明或隐的时代烙印。明代的瓷器和清代的瓷器为什么会被区分开呢？因为它们使用的釉色、型制、画片表达的故事、画法等反映出了不同的特点，而这些特点就是不同瓷器文化的时代性体现。尽管这种时代性并不一定能够直接从文化遗产的外在形式展现出来，我们需要透过现象、表象才能判断其所处的时代。通过对遗产所表现的内容进行刨根问底的追溯，才能了解和认识其所处时代的经济、社会形态，其时代性特征是掩盖不住的。时代性是文化遗产内涵本质属性中的重要属性，它是衡量文化遗产历史价值十分重要的依据，也是认定文化遗产的重要条件。可以说，凡是文化遗产都具有时代性。如果缺少时代性，再好的文化表现形式也不能称之为文化遗产，起码不能称为历史文化遗产。例如，当代创造出来的有形或无形的文化形态，因其还未经历时代的洗礼，存世时间不长，时代性并不明显。即使它们的文化价值、艺术价值和科学研究价值很高，也很难作为历史文化遗产予以认可，除非经历重大事件的洗礼，作为历史的见证，才可能被作为文化遗产予以保护。如我国第一颗人造卫星发射装置、2008 年北京奥运会场馆等，作为特定的、具有重大意义事件的见证者，是可以作为文化遗产予以保护的。因此，时代性是辨识文化遗产的前提条件，是文化遗产的重要属性。

二是艺术性，即文学艺术作品通过形象反映生活、表达思想感情所达到的准确、鲜明、生动的程度以及形式、结构、表现技巧的完美程度。它是文化遗产内涵的普遍属性，是对文学艺术作品的评价。由于人类审美观有一个长期的演化过程，不同时代的文化遗产是当时的人们依据世人能够接受的审美观和自己的情感、体验，凭借已掌握的技艺，对物质或非物质的东西进行创造并加以再现，用来表达某种情感。故艺术性的标准并非一成不变，而是有继承性。如今我们能够看到的各类艺术表现形式，都能寻得其远古的根源并理出一条较为清晰的演化发展脉络。如有形文化遗产中的建筑艺术、园林艺术、精美手工艺制造艺术，无形文化遗产中的文学艺术、戏曲艺术等，都有各自完整的体系。它们可以被细分为繁复的细枝末节，如在古代建筑艺术中又有宫殿建筑艺术、民居建筑艺术、宗教建筑艺术、祠堂建筑艺术、牌坊建筑艺术、门楼建筑艺术等。而这些建筑艺术还可以再细分为内部建筑艺术，如单座建筑木构架以及各构件均有程度不同的造型艺术，群体建筑的造型艺术则更为丰富多彩。从这个意义上说，凡是被认定为文物保护对象的古建筑就是一座造型艺术的综合体。总之，在物质文化遗产中，不可移动文物，如古墓葬、古建筑、石窟寺及石刻、近现代的代表性建筑等，固然具有明显的艺术性，而非物质文化遗产的艺术性则更为丰富。自2006年首批国家级非物质文化遗产名录评选并公布之后，至今共有四批两千多项非物质文化遗产精品项目。如果将地方三级非物质文化遗产项目计算在内，大概有几万个项目，这些非物质文化遗产项目得以脱颖而出的基本条件就是在本地区有重大影响，由此可知我国的非物质文化遗产资源极为丰富。非物质文化遗产可以有诸多表现形式，无论是已经被"逼到角落里"的文化遗产项目，还是仍活跃在我们生活中的文化遗产项目，它们的艺术性不仅感动着历代艺术家们，也对普通民众有着极大的吸引力。大众心目中的"好东西"，所指就是文化遗产的艺术性，如民间文学、民间舞蹈、传统戏剧、曲艺、杂技与竞技、民间美术、传统手工技艺等，都包含着艺术性。当然，并非艺术性强就更具生命力，只有艺术性与实用性俱佳的文化遗产才会获得经久不息的传承动力。

三是主观性，即文化遗产是人类在一定历史时期意识形态的反映，是基于当时的观念在生产生活实践中创造的产物。它区别于自然遗产之处就在于有人类行为的痕迹遗留其上。而这些所谓的行为痕迹就是文化遗产的创造者、继承者为生活生产所需，依据一定的价值观、审美观，在有形的、无形的文化遗产上所灌输的文化信息。不同的族群在不同的生活环境中、不同的时代背景下所创造的文化千差万别，这就是文化遗产内涵丰富多彩的基本原因。

实际上，不管是物质文化遗产还是非物质文化遗产都表现出人文精神的特点，是创造者、传承者意识支配下的产物。如古建筑、古村落不仅是特定族群生存繁衍的物质基础，其形制、构造、材料和工艺也蕴含着深厚的文化元素。之所以不同地区的古建筑有不同的特点，除了受气候和地质环境的约束，还因为信仰和生活习俗存在较大的差异。人们除了为生存而就近取材、因地制宜构建安全的"家"，更为了融入或者说扎根于某个群体而将他们共同遵循的文化元素嵌入他们的"家"，于是文化遗产流传了下来。与建筑物相比，体型较小的传统手工艺品，自然也包含着一个时代的文化信息，这些信息告诉我们当时的使用者在制造这些器具时的目的和技艺水平。而非物质化的传统文学艺术，如各种民间传说、戏曲、曲艺都是以生动的故事和饱含感情的曲调反映当时人们的各种情感、信念和价值选择。为满足人们的精神需求，才对所依赖的物质的、精神的创造物赋予了各种文化内涵。

四是知识性，即文化遗产是知识的产物，没有知识就不可能创造出物质或非物质的文化遗产，这是文化遗产内涵的固有属性。就物质文化遗产而言，不管是规模宏大的紫禁城里的古老建筑，还是少数民族妇女头上的精致玲珑的金银饰品，都建立在历朝历代知识分子和能工巧匠不断探索和实践的基础之上。任何一项物质文化遗产都需要具有相关的知识才能产生，而任何一项非物质文化遗产同样离不开知识的积累。从语言文字及其表达形式，到各类戏曲、曲艺作品的创作和表演，从技艺复杂的传统工艺美术，到有着严格程序的繁复的社会风俗、礼仪、节庆，都需要相关的知识才能创新和传承。因此，文化遗产的知识性有两个方面的含义：一方面指文化遗产的创造者、传承者具备一定的专业知识，只有掌握了一定的知识或者技能才能创造出有知识内涵的物品或作品，才能把它传给后代。另一方面指文化遗产本体蕴含一定的社会科学或自然科学知识。这两者之间存在密切的关系，或者说是密不可分的。每一处、每一项非物质文化遗产都蕴含着丰富的知识，知识性是文化遗产所必须具有的内在属性。

五是民族性，即文化遗产是各民族特色文化的凝结。在民族国家形成之前，人类以族群聚居，改造自然和管理社会的知识必然带有族群特点，这种文化元素即使在民族国家形成之后，仍然在不同的民族保留着。所以，一个多民族国家的文化是多元的，全球的文化更是丰富多彩的。每个民族都有自己的文化，都有自己的文化遗产。而各个民族由于生存的自然地理环境不同，便形成了不同的生活习俗，保存下来的文化遗产也不相同，有的甚至存在相当大的差异。我国各民族都有自己的传统文化节庆，其文化内涵各有特点。比如同样是过春节，回族有三十晚上"踩碎"习俗，藏族在除夕日举行"跳神会"，苗族则在大年初一至十五举行"守岁""开财门""敬年神"活动。汉族因分布太广而习俗不一，上祖坟、逛花市、闹社火等，天南海北各不相同。从实体建筑来看，如汉族和侗族都有鼓楼，且都有悠久的历史，可是它们的功能却极不相同。汉族的鼓楼大多数建在城里，主要用于报警和报时；侗族鼓楼大多数建于村寨，是侗族人民集会议事和休息娱乐的场所。两种鼓楼所包含的建筑文化也不相同，在形制、结构、用材和工艺等方面均有差别。

再以非物质文化遗产中的民间音乐为例，不同民族的民歌有不同的特点。蒙古族有长调民歌和呼麦，以蒙语演唱；广东省中山市的咸水歌，用广州方言演唱；青海回族的"花儿"、侗族的声音大歌（嘎听）、福建宁德的畲族民歌、云南彝族的海菜腔等，不仅所使用的语言、曲调、旋律、结构、风格和表现形式不同，所表述的故事不同，秉持的信仰和崇尚的价值观也有差异。上述例子说明，不论物质文化遗产还是非物质文化遗产，不同的民族的文化遗产具有不同的民族特色，民族性是文化遗产内涵的特有属性。

六是地域性，即不同地域的人们创造的文化具有不同的表现形式和风俗习惯。"十里不同风，百里不同俗"，指的就是文化的地域性差异。文化遗产因所处的地理位置、气候条件有差别，民俗风情、生活习惯等不同，其地域性一般也有所区别。物质文化遗产的地域性是非常明显的，最典型的例子就是南北方建筑物的差异。南方气候温和、雨水丰富，北方气候寒冷、风大干旱，所以南北方建筑在形制、结构、装饰、用材、工艺、风格、形式、体量、色调等方面都有差别。南方地区的住宅院落很小，四周房屋连成一体，多使用穿斗式结构，房屋组合比较灵活，房屋的山墙形似马头，粉墙黛瓦，颜色淡雅。

非物质文化遗产的地域性差别也十分明显。以表演艺术为例，北方曲调铿锵有力，南方曲调婉转悠长；北方戏曲善"做""打"，南方戏曲善"呛""唱"等。在传统手工艺上南北差异也很大，如雕刻工艺，南方细腻精致、形象逼真，北方简练凝重。再如剪纸艺术，北方剪纸浑厚、粗犷、天真，南方剪纸灵秀、严谨、纤细。而南方稻作文明与北方麦作文明带来的饮食文化差异，更是耳熟能详，不再一一分说。这种差异甚至会渗透到各种民俗当中，如大年三十的年夜饭，北方通常吃饺子，寓意和合团圆；江浙一带吃汤圆，寓意团团圆圆；岭南广府地区则吃蚝豉发菜，寓意好事发财。无论有形的文化遗产还是无形的文化遗产，其内涵一般都因地域不同而差别各异。

（二）非物质文化遗产的概念

1.非物质文化遗产概念的由来

汉语的"非物质文化遗产"一词译自英文"Intangible Cultural Heriage"。联合国教科文组织 2003 年通过了《保护非物质文化遗产公约》，我国于 2004 年加入该公约，2005 年国务院颁布了《关于加强我国非物质文化遗产保护工作的意见》。从此，"非物质文化遗产"这一外来词语正式进入中国官方语言并迅速为学术界启用。之后，这个术语才被国内出版物确定下来。实际上，如果从世界范围为"非物质文化遗产"一词寻根，最早可以上溯到 1950 年日本政府颁布的《文化财保护法》中"无形文化财"的提法。受日本影响，1962 年韩国政府在《文化财保护法》中将文化财分为四类：有形、无形、民俗和纪念物，正式将无形文化遗产纳入国家文物普查和保护的法定范围。而在欧洲大陆，自20 世纪 70 年代开始，公众对民间舞蹈、民歌、烹饪、手工艺和民间传说等非物质遗产产生了浓厚兴趣。

对非物质文化遗产概念化产生基础性作用的国际性文件是 1972 年联合国教科文组织通过的《保护世界文化和自然遗产公约》。该公约并未提到非物质文化遗产，相反，它提到的文化遗产指的是文物、建筑群和遗址，都是有形文化遗产。但是，在之后编制的《世界遗产名录》申报指南中，却明确提到了可以参与申报名录的文化遗产标准，包括"独特的艺术成就""创造性的天才杰作""建筑艺术""文明或文化传统的特殊见证""与思想或信仰或文学艺术作品有联系"的非物质遗产。1977 年，联合国教科文组织首次将文化遗产划分为"有形文化遗产"和"无形文化遗产"两大类型。

进入 21 世纪，随着国际社会对传统文化遗产的关注，尤其是经济全球化带来的文化大交流，提醒我国文化行政管理部门要时刻警惕西方的文化渗透和文化掠夺。印度、巴西等发展中国家在国际上对本国传统文化权利的争取，以及相关保护传统文化立法的发展，为我国积极参与国际文化相关立法起了促进作用。1998 年，联合国教科文组织颁布的《宣布人类口头和非物质遗产代表作条例》正式提出了"非物质遗产"的概念，启动了申报人类口头和非物质遗产代表作名录的工程。我国参与了这一工程建设，并且于 2001 年推举昆曲入选首批人类口头和非物质遗产代表作世界名录，在全世界产生了轰动效应。除此以外我国第一部保护传统文化的地方条例《云南省民族民间传统文化保护条例》也于 2000 年颁布。之后，贵州、福建、广西、宁夏、新疆等省区相继以保护民族民间传统文化之名出台了条例。通过研究这些地方法规内容，所谓民族民间传统文化应该是指除了《中华人民共和国文物保护法》（以下简称《文化保护法》）保护范围之外的一切传统文化资源。

2."非物质文化遗产"概念辨析

我国在传统文化遗产保护工作上起步较晚，相关理论研究滞后，这和我国经济发展所处的阶段密切相关。改革开放后的三十年是我们摆脱贫困、解决温饱的时期，千方百计提高生产力水平，增加物质财富。而当我们的人均国内生产总值逐步接近中等发达国家水平，人们的精神生活的期望值提高，开始关注文化发展，最初是对文物收藏的追逐，进而又热衷于文化名胜旅游，其中不乏对非物质文化遗产的迷恋。由此触动了地方各级政府敏感的"经济神经"，发展传统文化产业、盘活存量文化资源成为政府寻找新经济增长模式的一个突破口。这带动了非物质文化遗产的理论研究，也推动了非物质文化遗产保护立法。

《保护非物质文化遗产公约》第2条对非物质文化遗产给出的定义是："被各社区群体、团体、有时为个人视为其文化遗产组成部分的各种实践、表演、表现形式、知识和技能及其有关的工具、实物、工艺品和文化场所。"如果仅从这一定义出发，很难对非物质文化遗产有一个清晰的了解，只能给我们一个较为模糊的概念，即非物质文化遗产主要指"活"的文化，同时也包括体现或展现这些活文化的载体。但是，如果仅有这些载体，还算不算非物质文化遗产呢？该公约没有直接解释，只是从外围对非物质文化遗产的属性作进一步说明。这一附带说明对我们理解非物质文化遗产的特征和非物质文化遗产的标准有重要意义，它揭示出非物质文化遗产的继承性特征、不断演化的特征，以及主体的群体性特征。而依据公约的宗旨，即保护文化多样性、传承优秀文化、尊重各民族创造力，并非所有传统文化都能被认定为非物质文化遗产，要被确认为非物质文化遗产保护项目，它必须符合一定的要求。所以，在国际上有学者将非物质文化遗产的内涵从多方面予以解读，诸如主体的社区性、范围的广泛性、内容的多变性、时空的传承性、文化多样性等。国内学者在谈及非物质文化遗产的定义和特征时，很少将上述公约对非物质文化遗产的要求纳入讨论的范畴。公约告诉我们，非物质文化遗产概念的出现与其本身的特质和处境密切相关，如它对于持有群体和人类文化发展的价值，它与物质文化遗产的内在依存关系，以及它在当代社会所面临的危险境地和缺乏保护的现实等。

　　国内学术界对"非物质文化遗产"概念的理解大致有两种：一是主流观点，即基本认可《保护非物质文化遗产公约》对非物质文化遗产的界定，但需根据中国实际情况加以补充和修改来指导我们的理论研究和实践工作。另一种观点则认为公约的定义受西方发达国家的影响，依据的是这些国家的文化传统和文化遗产的保护实践，而这些与我国实际情况有较大的差距。笔者主张立足我国文化遗产保护的实际情况，并吸收联合国教科文组织界定这个概念的经验，而不是照搬联合国教科文组织的定义。我国有关法律文件基本上借鉴了国际公约的精神，也结合了我国的实际。国务院 2005 年印发的《关于加强文化遗产保护的通知》对非物质文化遗产下的定义强调了非物质性，同时也基本上把公约列举的非物质文化遗产的表现形式纳入其中。也就是说，该通知并没有正面解释非物质文化遗产的本质内涵，而是将公约对非物质文化遗产外延的规定拿过来为非物质文化遗产定义内涵，且抛开了非物质文化遗产定义中比较棘手的问题——主体问题，突出非物质文化遗产的活态性、无形性、传承性。由于立法经验不足，上述定义只是泛泛地为非物质文化遗产划定了一个范围，无法明确获知非物质文化遗产的内涵，也就是说无法从这个定义出发非常明确地将非物质文化遗产与其他文化表现形式区分开来。前述国际公约也是一样，仅靠定义也不能明确界定非物质文化遗产，必须借助其外延的列举。

　　2011 年，我国颁布了《中华人民共和国非物质文化遗产法》（以下简称《非物质文化遗产法》），该法第 2 条规定："本法所称非物质文化遗产，是指各族人民世代相传并视为其文化遗产组成部分的各种传统文化表现形式，以及与传统文化表现形式相关的实物和场所。"与 2005 年通知中的定义相比，该定义有了进步，首先明确了主体是各族人民，强调非物质文化遗产的民族性，但并未明确这个主体能成为唯一的权利主体。其次强调了非物质文化遗产的传承性，具有传统文化的属性。再次强调了非物质文化遗产是某种文化表现形式，同时也包括与传统文化表现形式相关的实物和场所，这是与 2005 年通知中的定义最大的区别。为什么要加上"实物和场所"呢？因为许多非物质文化遗产表现形式与相关实物和场所不可分离。如传统戏剧，作为一种艺术表现形式，不仅舞台表演艺术、经典剧目是文化遗产，所使用的演出道具也都是文化遗产的构成部分。再如我国著名的民俗大典，炎帝陵祭典、成吉思汗祭典、黄帝陵祭典、祭孔大典和妈祖祭典等，不仅其复杂的仪式承载着文化，典礼场所也是文化遗产的组成部分。为了防止《非物质文化遗产法》和《文物保护法》发生冲突，《非物质文化遗产法》在第 2 条第 2 款规定：属于非物质文化遗产组成部分的实物和场所，凡属文物的，适用《中华人民共和国文物保护法》的有关规定。如古文化遗址、古墓葬、古建筑、石窟寺和石刻、壁画等，这些不可移动的文物多数是非物质文化遗产项目的物质载体，而有些可移动文物又与传统工艺、美术、医药等密切相关。陶瓷技艺是我国著名的非物质文化遗产项目，而承载着陶瓷文化信息的大量明清瓷器又是文物，它们受着双重保护。

为了让《非物质文化遗产法》的调整范围更加明确，在为非物质文化遗产定义内涵之后，又对非物质文化遗产外延进行说明：（1）传统口头文学以及作为其载体的语言。（2）传统美术、书法、音乐、舞蹈、戏剧、曲艺和杂技。

（3）传统技艺、医药和历法。（4）传统礼仪、节庆等民俗。（5）传统体育和游艺。（6）其他非物质文化遗产。

为什么我国立法要具体化呢？笔者认为，我国的传统医药、杂技、游艺等非物质文化遗产项目举世闻名，特别予以列举也是为在非物质文化遗产国际保护中引起人们的重视，使我国这方面的传统文化得到更明确而具体的保护。所以，从我国非物质文化遗产的现状和保护、传承的实际需要出发，非物质文化遗产的确切含义应该将《非物质文化遗产法》第 2 条的前后两条规定结合起来，才能够全面理解。

二、非物质文化遗产的特征

（一）非物质性

文化的载体是多种多样的，但大致可以分为两类，即有形载体和无形载体。有形载体反映文化存在状态的可视性，人们通常认为各种文物古迹就是有形的传统文化形式，既可以是能移动的，也可以是不能移动的。前者如古代陶瓷和各种遗留的手工艺品，后者如古遗址、庙宇、宫殿、古墓等。而无形载体所反映的文化形式，强调它的非物质性，如口头文化。既然称为遗产，那么这种非物质的文化就是由先人创造出来而又被后人世代相传的文化形式，它也是一种财富，是蕴藏着一定价值观的精神财富。

物质文化遗产是历史文化的物质载体，由千百年来古人以所处时代与生活空间紧密相关的各种物质材料构造而成，可以是人们生产生活所需的动产，也可以是不动产。非物质文化遗产一般并不需要借助物质载体，尽管它们也要由人传播和继承。人是物质的，但我们不能说人是文化载体，因为人是文化主体，我们说的文化载体是指它的客体。由此我们说口头传说和表述、艺术表演等没有物质载体，它们未被固定在任何物体上，而各种民俗、节庆、礼仪属于典型的文化空间，非物质性更突出。另外，像传统工艺技能操作实践也是无形的文化遗产，因为它指的是隐含在传统工艺品之中的工艺技能。故而，非物质文化遗产的本质属性是特定社会情境下人们生活方式的自然展现。这种社会实践、思想观念、生产知识和技能等是无法用感官触摸到的。物质文化遗产的物质性和有形性决定了它要以一定的形态存在于环境中，看得见、摸得着，它的文化价值主要隐含在有形物之中。而非物质文化遗产是一种抽象的文化思维，它存在于人们的观念中，融入人们的活动，而不是通过物品来传承和发展的。但是，无形的非物质文化遗产也可以通过有形物表现出来和传承下去，只是许多情况下该物本身并非是非物质文化遗产，而是该物之中蕴含的文化元素是非物质文化遗产。无形的实践、思想、知识技能等可以转换成不同的载体形式而被存储下来或传播出去，供后代人分享。所以，非物质性是非物质文化遗产的质的确定性，是我们观察非物质文化遗产的出发点和归宿。

（二）活态性

人们说物质文化遗产是"死"的物，而非物质文化遗产是"活"的人，其本意是物质文化遗产所含有的文化要素在物本身，而非物质文化遗产的文化要素不在物本身，在人的活动本身，它是"活"的文化，具有被人类代代相传的特点。当然，不同的非物质文化遗产表现形式、传承和发展方式也不同，有一个或几个民族在传承的，也有一个或几个家庭传承的，还有的是一个地域内的群体共同传承的。有些是秘密传承，如父子相袭、师徒相传；有些是公开展示的，甚至生活本身就是在传承一种文化，如民族、家族或一定社区举行的各种仪式；有时传承方式非常抽象，如社会风俗、礼仪、节庆等都展现出"活文化"的特点。所以，非物质文化遗产的生命就在于不停地被人们以各种方式传承，"活"的特性之一便是人的存在和传承。在这个过程当中，文化的占有群体用语言、音乐、形象和技艺完成了他们的交流，给他们带来精神的安慰，增强他们的勇气和信心，丰富他们的精神生活。

"活态性"还有另一层意思，是指非物质文化遗产是不断被创新利用的活态文化。它是在传承中不断求新求变，并在变化中不断发展。物质文化遗产则完全不同，它是以静态的形式存在于这个世界，是固定的物质遗留，只要没有天灾人祸，它就能世代为人类提供文化信息。非物质文化遗产起源于人类为生存和交往而进行的各种活动，并且随着人类生存环境的变化和生存的需要而不断地丰富和发展。现实需要是非物质文化遗产产生和发展的唯一动力。因此，对非物质文化遗产，只有不断开发利用才能使其保持久盛不衰的活力。这种活力是特定群体生产生活方式演进的动力，它不是僵化的，而是随着人类的需求不断进化或消亡。凡是促进生产力发展的文化现象就会被不断继承和发展，充满活力，经久不衰。

（三）地域性

一百种文化就能找到一百个不同的地理特点。人类早期由于交往不多，生产生活相对封闭，因此表现出的文化差异就是地理差异。一方水土养一方人，一方文化育一方后代，从而形成了文化的多样性。虽然，《保护非物质文化遗产公约》和《非物质文化遗产法》都强调非物质文化遗产是社区、群体和个人生产生活过程中创造的，或者各族人民世代相传的文化，并非将非物质文化遗产限定为某一区域的习俗文化，且现实中也确实存在某一种传统文化形式在不同地区，甚至不同国家同时存在。但是这并不否定非物质文化遗产的地域性特征，毕竟绝大多数非物质文化遗产项目是集中在某个区域留存和传播，尤其在古代，各民族聚居是常态，同一民族奉行相同文化信仰和习俗，因此造就了非物质文化遗产的地域性特征。只是随着自然环境的变化、各民族之间的竞争和交往、统治者的政策变化等，促成了民族的迁徙、融合，也使得民族文化得以相互影响和传播，以至于到现在各民族、各国文化交流成为发展趋势。但非物质文化遗产的地域性特征仍很明显，因为每一个民族大部分都有自己特有的活动范围和地域。世界范围内民族众多，人口数量庞大，悠久的历史积淀和各异的生存空间，为非物质文化遗产的创造与传承提供了条件。非物质文化遗产就是在这样的地域环境下产生，并与其地域环境息息相关。自然生态环境、宗教信仰、传统文化方式、生产生活水平，以及惯常生活方式、社区习俗等都不同程度地决定了"非物质文化遗产"地域性特点。

地域性体现了非物质文化遗产的物质基础及其所反映的精神信仰。非物质文化遗产是生活在特定范围内的群体，为了族群的生存和发展，通过某种独特的方式积累起来的有地域特色的文化和精神追求。很多非物质文化遗产都依赖特定的地理环境要素得以产生和传承，是某一地理区域文化的象征，比如民间文学艺术、传统生活方式等，许多文化遗产都蕴含着地域特征，产生这些文化的土壤有其自身的特点。这种特定的文化遗产只有与特定的地域相结合，才能充分体现出其历史价值、文化价值和经济价值。某一社会群体多少都会接受、学习外来的生产生活知识，以增强自身改造自然的能力和求取本族群和谐发展的机会，但只要他们生存的自然环境和人文环境未发生本质的改变，如未遭受巨大的自然灾害或完全被异族统治，那么当地的精神文化就不会被轻易改变。

当然，非物质文化遗产对地域环境的依赖和反映，并不能完全排斥和否定它对地理环境的适应。许多生命力极强的非物质文化遗产正是因为其具备对地理环境的适应，才被许多地域、不同民族和种族接纳，并被不断发展和创新。如梁祝民间故事在我国流传一千七百余年，就有内容不完全相同的汉族版、壮族版、苗族版、土家族版等。在"申遗"过程中，存在多个地区、多个民族对同一项传统文化表现形式进行申报的情形，如端午节的习俗、元宵节的习俗以及许多口头传说的民间故事等。这说明，非物质文化遗产可以突破地域和民族的界限，被不同地域和民族的人们加入自己的文化要素和精神诉求，不断被传播，也不断被丰富，从而促进各民族文化的交融。

（四）传统性

从非物质文化遗产概念在我国的演化就已经知道，非物质文化遗产曾被称为传统文化遗产、民族民间传统文化等，说明国内官方和民间都认可非物质文化遗产的传统性。非物质文化遗产从其产生就离不开特定民族、社区的传统生活习俗和生产需要，通过千百年的实践世代承袭，从而形成传统。

它带有古老的文化色彩，具有传统性这一基本特征。特定的民族、区域在不断传承非物质文化遗产的同时，也为适应环境的变化而不断地创新文化表现形态，丰富着非物质文化遗产的体系。凡是传统的东西都有其存在的根基，非物质文化遗产也是一样，它包含着最核心、最本质的属于某个民族和群体的价值观和生活态度，它的形成和发展既是有意识的，又是自然而然的，经过不断地尝试，通过口传身授世代相沿。它作为"历经数代人的试验和尝试而达成的成就，包含着超过了任何个人所能拥有的丰富的经验"。比如，我国传统中医药知识，就是中华民族世世代代通过"神农尝百草"这样亲身观察和实践的方式而逐步积累起来的，充分显示其传统性的特征。

尽管非物质文化遗产是发展的，并且不断被创新，但它们总是为群体或社区生产生活服务的，离开它的目的性便失去了存在价值。非物质文化遗产的最初存在价值即是生存所需，直到目前为止，许多民族、部族的非物质文化遗产也不是娱乐项目，而是生存手段，它们必须随着环境的变化而不断更新，只是其发展速度和变化程度是不同的。有的非物质文化遗产经过世代相传有了较大的发展，对现代社会有较好的适应能力，有的非物质文化遗产则发展较慢，仍保持着浓郁的传统特色。尽管《保护非物质文化遗产公约》并未提出非物质文化遗产的传统性，但是强调世代相传，即人们所说的传承性，这种传统的延续方式大体有两种：一种是师徒传承，包括群体自发地传衍；另一种是家族内的口传心教，这种表现形态上的世代相传或师徒相承的特性与人们的日常生活紧密联系，贯穿其中的是特定的精神和文化。这种特定的精神所包含的价值理念不会因代际交替而发生实质变化，只是文化表达形式有所变化，如昆曲中的唱腔、表演程式、表演经验都是通过一代代的演员口传心授流传下来的。尽管期间有所变化，但昆曲的核心艺术特点不变，昆曲经典曲目所体现的核心价值观不变，这就是文化的传统性。正是由于有着共同生活环境的群体遵循着相同的传统，才能产生情感上的共鸣，这种共鸣使得非物质文化遗产在人群中通过口口相传、口手相传而延续下来。

（五）群体性

《保护非物质文化遗产公约》将非物质文化遗产的传承主体描述为社区、群体和个人，但如果能够明确非物质文化遗产的传承者都是个人，也就没有签订公约的必要了，个人的文化财富无须他人干涉。非物质文化遗产即使最初由一个人、一个家庭或一个部落发现或创造，但能够传承千百年，就绝对不是一个人、一个家庭能够完成的。如果想要世代延续一种文化，必须是由群体承接与传播，如同一滴水只有融进大海才不会干涸。我们无法统计究竟有多少古代的文化形式已经灭绝，但有一点可以肯定，能够传承下来的非物质文化遗产项目必是依靠群体的力量。

此处强调非物质文化遗产的群体性，首先是指它的创作有群体性，往往不是靠单个社会成员的智慧与灵感完成，而是在群体智慧和经验的基础上形成的，是由其所在的群体甚至相关联的多个群体在长期的生产生活实践中共同完成的，因而非物质文化遗产是集体创作的成果。这种集体可以是同时代或不同时代的一个社区、一个行业、一个民族，甚至一个国家。由于非物质文化遗产为集体所创造，使得非物质文化遗产往往体现了群体的意识、心理、精神，能够为社区、群体及其成员提供认同感和持续感。其次是指非物质文化遗产靠群体流传和延续。尽管传承的方式可以是集体传承，也可以是个体传承，但以集体传承为主。因为绝大多数非物质文化遗产项目本身就是群体完成的项目，如各种民俗活动、民族曲艺戏曲等，均非一人能完成的文化表现形式。这里的群体为以一定方式聚居的人群，无论规模大小，只要以一定的文化纽带相连都可以成为非物质文化遗产的主体，而承继同一文化传统的群体尤以民族最为常见。最后，非物质文化遗产权利主体的集体性。从公约到国内法，尽管并未从法律角度对非物质文化遗产的权利主体加以规定，但是理论上人们仍然习惯地认为创造或延续传承了非物质文化遗产项目的社区、群体、民族就是非物质文化遗产的权利主体。总之，我们习惯认为文化是民族的文化，而在民族国家形成前就已存在或非经国家统一强制性贯彻的文化现象，又被称为文化的民间性，非物质文化遗产项目就是具有民族民间特色的文化遗产。

（六）民族性

共同的语言、共同的地域、共同的经济生活、共同的文化和共同的心理素质，这样的共同体我们称为一个民族。不同地域的各族在经济、生活、语言、习惯和历史发展上的不同表现形成了千姿百态的非物质文化遗产。任何一个民族或者群体都有自己独特的文化，失去这些独特的文化就失去了民族精神，割断了连接民族成员的血脉，这个民族就不可能成长壮大。民族性是某一民族自己独有的，是该民族自己的世界观、价值观、思维方式、民族文化的共同体。这些内容是长期以来形成的，体现在日常生活的方方面面，具有很强的稳定性，不易为外界因素所改变。每个民族都有自己独特的特点，这些特点通过该民族成员的语言、思维方式、行为方式得以表现。

非物质文化遗产是当地各民族在长期的实践活动中、与当地自然和人文环境相互磨合而形成的一种文化现象，这一民族性只在特定区域内或某一民族成员内流传。所以，非物质文化遗产会烙着某一民族的符号，经过不断地传承，吸收各个时期的精华，形成了该民族文化的独有特征。于是，非物质文化遗产被喻为"民族精神的博物馆"和"民族文化的基因库"。从思维习惯到宗教信仰，以及由此决定的精神价值追求，无不打上了特定民族的烙印。此外，地域性与民族性紧密相关，特殊的地域环境塑造了特殊的民族特性，即非物质文化遗产产生于特定的地域环境中，必然反映特定民族的特性。如苗族的"芦笙舞"在我国舞蹈史上具有重要的地位，被视为中国民族舞蹈文化的代表。"芦笙舞"的表演方式和内容都具有极强的民族特性。当然，非物质文化遗产的民族性还从另外一个侧面体现出来，即非物质文化遗产是人类在特定的历史阶段和特定的地域范围内创造和传承出来的，属于民间自主的行为。同时起源于民间、生长于民间的文化，包括民间文学、民间表演杂技与竞技类艺术、民间美术和民俗文化等都是非物质文化遗产的要素和组成部分。大部分反映生活习俗和习惯的非物质文化遗产，其产生都伴随着广大群体劳动的过程，能展现地域居民乐观向上的生活态度和苦中作乐的生活情趣，真实传达了劳动人民自然朴素的本质及对美好生活的追求。所以，人们又把非物质文化遗产称为民族民间传统文化。

（七）流变性

不管哪一类型的非物质文化遗产都不是一成不变的。当今所见到的有些文化形式已经与历史资料记载的内容存在极大的差别，这是文化发展的一般规律，即文化是发展的。一种文化形态的产生必然依赖于当时的物质生活条件，随着条件的变化，传承者必然要适应新的要求，给它注入新的元素。有些文化形式在时间的长河中往往会由于各种原因消失，或者不断消亡；有些则在多元文化冲击下产生变异。以工艺技能为例，某一传统工艺技能在某个时代具有稳定性，但随着时代的发展，人们审美观的变化、生产生活需要的变化，技艺就会变化，而这种工艺技术需要的某些材料和使用的工具变化则会更大。比如我国的陶瓷制作技艺历经四五千年的演变，便发生了巨大变化。从夏商时期的单色低温软陶制作，到商周时期的彩色低温软陶制作，再到秦汉时期的高温致密瓷器制作，技艺在不断进步。之后，明清加釉瓷器不仅有实用器，还分出了观赏器而成为艺术品，制作材料从陶土到黏土和瓷石，燃料从木柴到煤炭、燃气再到燃油、电力，制作工艺也由单纯的手工，发展为半机械、全机械甚至自动化，这些变化都会反映到瓷器上。有着200多年历史的京剧，在不同时期不仅演出所使用的戏台在大小、结构、建筑材料等方面不同，更主要的是戏台上的灯光、布景等差距更大。现在演出戏剧不仅有京胡伴奏，有的还需要传统乐器之外的现代乐器伴奏。

对于非物质文化遗产的本质特征，还有学者提出了一些另外的观点，比如相对公开性、共享性等。笔者认为这些特征并不具有普遍性，非物质文化遗产项目许多并不公开，也不是共享的，像许多传统工艺、曲艺，甚至祭奠仪式等，都是师徒相传，或仅在同族部分代表之间传承，对外表演公开，但其中的奥妙都是秘密，并不是共享的，即使在同族内也不共享。由于非物质文化遗产的无形内涵必须借助一定的物质载体或媒介来表现与传达，因此有人认为非物质文化遗产也具有物质依托性特征。但需要说明的是，物质载体只是为了表现文化，文化蕴含在物质载体之中，物质载体只是作为辅助工具，而不是非物质文化遗产本身。另外，非物质文化遗产的内容涉及传统文学艺术的各个方面，因而具有丰富性、多元性、综合性等特征。但这些特征并不突出，因为许多物质文化遗产也具有相同的属性，故在此不再展开说明。

第二节　非物质文化遗产产业化的内涵

一、产业化的定义

（一）何为产业

"产业化"的概念是从"产业"的概念引申而来的，而"产业"的本来意义是指营业资产，如房屋、土地、工厂等，对应的英文即"property""estate"。

但是，产业经济学认为，产业不是一堆财产，产业就是指国民经济的各种生产部门，甚至可以直接理解为生产事业，对应英文即"industry"。现在人们多从产品的生产、流通、分配和消费的角度界定产业，带有鲜明的市场属性。如提到文化产业，是指生产、再生产诸如小说、电影等文化产品或提供服务的市场运作过程。

（二）何为文化产业

与本书讨论主题密切相关的一个核心概念就是"文化产业"，我们主张对非物质文化遗产进行开发利用，凭借的手段就是产业化，即发展文化产业。国内学界对"文化产业"词源的追溯有两种说法：一是认为"文化产业"一词是由德国法兰克福学派代表人物霍克海姆和阿尔多诺于1974年提出，他们在《启蒙的辩证法》中提出了"文化工业（culture industry）"的概念。文化产品在工厂中凭借现代科学技术手段复制、出版出来，相当于文化的生产制造，故称文化工业。但随着经济社会的发展，生产制造的内涵不断扩展，"工业"一词被婉转地替换为"产业"，便有了"文化产业"的广泛使用。而另一种说法是德国学者本雅明在20世纪30年代的《技术复制的时代》一书中首先提出，"文化产业"的中文则出自1989年东方出版社出版的日本学者日下公人所著《新文化产业论》。《新文化产业论》对文化产业内涵的解释是一样的，就是工业化生产文化产品的意思。

从20世纪80年代开始，文化产业不仅成为官方文件的专用名词，而且被人们作为一种产业类型接受。而随着传统文化遗产进入经济领域，为商人们所关注，许多沾染着乡土气息的、地方性的艺术形式被敏感的艺术家们重新整合，文化创意产业应运而生。文化的本土价值和地方性知识被逐步纳入文化产业，使得地方性的文化产品和表述方式为世界接受。而全球化、现代化和城市化的趋势又在逐渐把乡土文化特色的元素慢慢同化，但又不会消失，文化多元化的时代就是求同存异，让人们享受多彩的世界。总之，正是传统文化为产品注入更有认同感和生命力的元素，创意产业才得以蓬勃发展。

（三）产业化

产业化，就是把某个客体完完全全地变成一个经济产业，按照产业的规则和规律来运作。尤其是对那些自身不具备经济功能的行业，通过市场机制，使其从不具备经济性质逐步转化为具有经济性质的过程。本书主要从这个层面使用产业化这个概念。在一般情形下，产业化强调按照一定的社会所承认的规模运行的过程，它要求具有同一属性的企业集合成社会承认的规模程度。

由此，产业化可以从以下几个方面理解：

第一，"化"表示转变成某种性质或状态。如多数非物质文化遗产项目是与市场有一定距离的，如果把它推向市场，就是产业化的基本含义，即市场化。

第二，生产要素适度集中，具备能够适应市场需求的生产经营规模和拓展市场新需求的能力，故产业化利用、产业化运作是要有规模的。

第三，组织管理科学，开发利用有很强的计划性。因为非物质文化遗产实施产业化的本质在于大规模地制作非物质文化遗产相关产品，如果缺少计划性，还是家庭小作坊式的经营模式，将难言产业化。

产业化是以营利性为目的的经营行为，是将某种行业传统的组织方式和运营方式变革为相对先进的业态，是一个过程，而这个过程依赖于人的主观能动性来发动和组织实施。

（四）产业化标准

人们通过对各类产业发展过程的考察，尤其对非物质文化遗产项目开发利用方式的认知，认为文化资源的产业化从实现机理上并不难理解，即从文化资源到文化产品的转化过程，包含了从资源的整合到产品开发和形成的过程。它既是一个物态转化过程，也是一个经济价值增值的过程。如果需要确定一个较为具体的产业化衡量标准，应该考虑以下因素：

1. 市场化的运作方式。其基本的表现就是政企分开，完全脱离计划体制的束缚，产权明晰，自主经营，自负盈亏，有独立的市场地位。这种方式和家庭作坊为主的偶然交易行为不同，强调有完整的产业链、复杂的产销模式、充分配置内外部资源。

2. 达到了一定的规模。各类产业的技术经济特点不同，其规模的临界线就不同。产业形成的三种形式即产业分化、衍生和新生长，无不以一定的规模为新产业生成的标准。如手工业自农业分离，必然是专门从事手工业的艺人形成一定规模，手工业产值达到一定程度，它对人们的生活和社会经济产生了相当影响，才能认为手工业成为独立于农业的一个产业。再如汽车产业形成后，与之相关的围绕为汽车产业服务、配套的汽车修理业、高速公路产业等应运而生，很显然后者是前者衍生出来的，但同时也是因为前者达到一定规模才有了衍生后者的条件。即使由于科技创新而生的新兴产业，也必须形成规模才可以称为产业的形成，即成批的产品或服务的不断供给。

3. 与资本有密切关系。资本的支持与资源的稳定供给是产业形成的基本保证，而资本的注入离不开环境的支持，即投资人对产业发展的信心需要依赖一定的环境支撑，如政府产业政策导向就起到巨大作用。政府的产业战略客观上为新的产业的形成提供了机会，不仅把物质资源集中到待发展的产业，还会起到调动人力资源的作用，只要集中了物质资本与劳动力资本，这个产业就会发展起来。

4. 以利润最大化为目的。产业萌芽和产业形成的最基本、最重要的条件是人们的物质文化需要。任何产业的萌生、发展都是利益诱导的结果。多年来，许多民俗学家之所以反对非物质文化遗产产业化，就是惧怕经济利益驱使下对非物质文化遗产的无度开发，认为金钱欲望注定要损害非物质文化遗产的纯洁性。实际上，在非物质文化遗产的发展史上，曾经有不少表现形态就是被产业化的，只是规模小。因为自古就存在谋生类的非物质文化遗产项目，说唱艺术谋生、手艺谋生都存在，这些艺术被改进和发展的动力直接来自经济利益的追求，艺人们就是希望通过艺术进步赢得更多的经济利益。所以，诸如传统工艺美术用品之类的非物质文化遗产项目实现产业化，并非现在市场经济体制逼迫使然，乃于历史上就作为谋生手段，利润最大化始终伴随着它的发展。

二、非物质文化遗产产业化的内涵

上文述及产业化既是一种经营规模的体现，又是资源有效整合的方式，是在遵循一定规则的前提下，提高经营效益的必要途径。然而，非物质文化遗产的稀缺性决定了它的产业化不能是野蛮、粗犷地利用，正如有学者在区别"商业化经营"与"产业化开发"时所言，"商业化经营"主要关注文化产品的营销，而"产业化开发"则要将非物质文化遗产作为开发项目，通常要改变传统的非物质文化遗产展现方式，通过现代科技手段的参与，主要是机械化生产，所以两者的作用方式和作用力度不同。也就是说，非物质文化遗产的产业化对非物质文化遗产本真性的冲击要远远大于非物质文化遗产传统传承方式的改变。但是，非物质文化遗产产业化同样要求必须保障文化的本真性和可持续发展性，在尽可能融入文化要素的情况下，增加产品的附加值，既满足人们对传统文化"味儿"的需求，又能对现代生活进行传统反思，提高文化生活品位。假如过分依赖机器而远离非物质文化遗产的文化内涵，则该项非物质文化遗产的产业化就是失败的，是脱离了开发利用基本要求的，它可以被认为是一种新的文化现象，但不是对非物质文化遗产的传承。如我国的玉雕文化有著名的北京玉雕、南阳玉雕、苏州玉雕、扬州玉雕等不同雕刻流派，都是师徒相传的手工技艺。随着电脑和雕刻机械的介入，玉雕可以成为纯粹的工业产品，那么它就脱离了传统雕刻艺术的范畴，不再属于非物质文化遗产的范畴。但是，也有一些非物质文化遗产项目，其工业化生产模式并不会影响它的文化精神，比如运用现代电脑制作技术对民间故事、神话传说的再现。当然，作为非物质文化遗产项目的传承和发展，更为重要的一点是要有一定规模的民众参与，非物质文化遗产产业化可以激发社区内具有共同文化背景的民众参与文化保护和继承，以一种特殊形态促进非物质文化遗产向产业化发展。

非物质文化遗产的经济价值是其产业化的基础和动因，但产业化本身并不是传统文化本真性的"天敌"。非物质文化遗产中蕴藏的文化元素和精神特质，集中体现着某个民族或社区民众的价值观念、审美情趣、心理情感等方面的特征，这些特征恰恰能够被以各种表达形式展现出来，给人们以美的感受、心灵的震撼或者物质的享受。如许多地方文化中的山歌、口头文学、民间技艺、民俗表演等，都能成为发展旅游业的基础和人文支撑。非物质文化遗产的经济价值也需要进行创造性开发和利用，才能使之成为现实生产力。

现将非物质文化遗产的产业化内涵特点总结如下：

第一，产业化视角下的非物质文化遗产可以把某些过去私相授受、零散学习的民间技艺形式变成一个完全按照市场规律运作的经济形式。不管哪种形式的非物质文化遗产项目，在历史上主要经历了两种发展方式：一是完全由民间零星传播，如多数家族内传承的手工技艺。二是由官府控制，如汉唐以前手工业基本上由官府垄断，直至清朝还设有宫廷造办处。但总体讲，古代非物质文化遗产主要是民间小规模传播，而且是作为生活的一个构成部分。到新中国成立后的很长时期内，政府及社会各界都将非物质文化遗产保护视为消费性事业，由公共福利性部门负责，并不把非物质文化遗产作为文化资源进行经济开发。政府只是采取一定的保护措施，投入有限的资金对即将灭绝的非物质文化遗产进行博物馆式的拯救，效果较差。而非物质文化遗产产业化则要在评估非物质文化遗产的市场化可行性基础上，引导社会投资充分、合理、有效地开发利用非物质文化遗产资源，从而使非物质文化遗产保护的投入产出效益化。被充分挖掘其经济价值的文化遗产，不再单单是艺术品或者技艺等文化形式，而是赋予了相应的经济价值或者会带来一定的经济效益。

第二，实现非物质文化遗产保护主体多元化。在传统农业社会，非物质文化遗产传承主体主要以家族、家庭、个人为主，除了民俗和民间舞蹈等群体参与的项目外，非物质文化遗产的社会化程度不高。有许多项目因为原生地缺少扩展的机会，主体投入不足，又很难开拓外部市场，只能走向衰落。产业化是一个引入社会资源共同参与非物质文化遗产开发保护的群体性活动，不仅出资人可以是多元的，传承人也可以是多元的，只要经过原持有人许可，任何人都可以成为新传承人。所谓投资主体的多元化也是我国打破计划体制后，由市场经济体制所决定的。非物质文化遗产走产业化之路，能够更好地推动社会团体、企业和个人通过多种方式投资非物质文化遗产，形成政府和社会力量共同参与，传承主体多元化的新格局。以便在原传承主体经济能力欠缺，而政府财力投入不足的情况下，为保护非物质文化遗产、发展非物质文化遗产筹集更多的资金。政府在制定非物质文化遗产保护与发展的相关政策时，不仅要从公共政策角度考虑非物质文化遗产的保护与发展，也要从经济政策角度考虑非物质文化遗产保护的现实效益。

第三，产业化打破非物质文化遗产的自我封闭状态，面向社会，以社会需求为导向，如此才能保障非物质文化遗产与时俱进，吸收外来文化的精髓，熔炼为当代大众所需的精神食粮，才能让它获得重生而不会枯萎。所谓"活力""生命力"只能在不断创新中获得。许多非物质文化遗产由于传统表现方式同现代人的审美观存在较大差距而不被人们接受，逐渐失去了吸引力。纵观非物质文化遗产的历史发展脉络，无论哪一类型的非物质文化遗产都不是一成不变的，它在不断回应人们的需求，即适者生存。所有能够摆脱灭绝命运的非物质文化遗产都是在不断更新，或者说传承人在不断地优化非物质文化遗产以满足自己和他人。那些自古以来就作为谋生手段的非物质文化遗产，由于传承人受到诸多方面的限制，如财力和才气的不及，不能及时改造非物质文化遗产以适应社会需求，被迫任其走向没落。产业化为非物质文化遗产的复苏提供可能，现代艺术表达方式的介入、对优秀外来文化的借鉴都在一定程度上使传统的非物质文化遗产"现代化"。有人把这种现象称为传统文化的变异，是传统的丧失。实际上，文化表现形式的变化未必导致文化内涵的变迁，形式对内容的影响有时是微不足道的。当然，我们不排除有些非物质文化遗产项目被不当开发利用招致面目全非，但如果是迫不得已，若不如此便会消亡，则无可厚非，持有人有选择权。

第四，产业化就是将传统文化资源变为文化资本。非物质文化遗产是历代先民创造的极其珍贵的文化财富，是民族精神的重要载体。今天所见的非物质文化遗产项目是经过祖先们千百年的改造而遗留的文化遗产，多数并非其原始状态。作为人类文化"活的记忆"，所呈现出的是各种文化符号的活态聚合，文化符号可以成为发展文化产业的文化资源。而能够体现民族文化特色的文化资源，因为具有稀缺性和不可再生性，使得非物质文化遗产具有了经济价值，具备了进入文化产业、成为文化资本的潜质。

文化资本与物质资本的结合便能够生产出文化产品，然后文化产品进入流通环节，通过接受者的文化消费再次转换成物质资本的收益。非物质文化遗产产业化发展是通过规模化来进行盈利，由于会受到各个方面因素的制约，导致有一些非物质文化遗产项目不能进行产业化经营。通常情况下，对传统文化产业化经营有重要影响的因素包括三个方面：分别是遗产项目类型、市场价和经营环境。政府也会对那些能够进行市场开发的非物质文化遗产项目给予引导，同时将社会力量组织起来，然后进行联合开发，通过市场机制的作用，使产业发展能力和产业效益都能得到提高。这样，不仅能够扩大文化遗产的知名度，提高民族文化的认同感，还能够增加文化遗产持有人的经济收入，对文化传承也起到了促进作用。尽管一些文化遗产有着突出的历史文化价值，但是与现代生产和生活方式无法融合导致消费群体受到限制，就不能产业化生产，只能通过资料保管的方式保护起来。尽管这类文化遗产目前没有产业化价值，但是也要认真保护，也许在将来就能够产业化。

三、非物质文化遗产开发利用与产业化的关系

理论界对于非物质文化遗产合理开发利用的讨论颇多，多集中在是否开发和如何开发上，对"合理"开发利用的标准并没有一致看法。人们能够想到的主要是"保真"，这是合理开发的基本要求，另外就是可持续发展理念。可持续发展的本意是对资源的开发利用要适度，要给后代留有继续利用的空间，它

的基本假设有二：其一是现有科技水平对资源的利用不够充分即存在浪费资源的可能。其二是存在主观上浪费资源的可能，即为了追求短期利益，在能够采取措施节约能源、但需要较大投入的情况下，怠于采取合理措施，任由资源浪费。所以，要讲非物质文化遗产的合理利用，就不能歪曲文化本意，不能损害持有人的利益，不能以破坏相关实物和空间为代价。

产业化是开发利用的最高形式，它不仅强调了资源利用的规模，更突出了资源利用的形式，即借助市场机制，有组织、有计划地开发利用。我们要分清商业化经营和产业化开发。因为前者仅仅是某种"非物质文化遗产"成品作为商品进行的某种商业化营销，是人们普遍理解的所谓"商业化利用"，这种利用是以获得利润为目的的非物质文化遗产利用方式。它的反面便是"生活化"利用，即根据非物质文化遗产的本质属性及其生存境况，追本溯源，传承民众的传统生产生活方式，还原或部分还原非物质文化遗产赖以存续的社会生活情境。这样一来，既可以为原社区族群继续传承祖先的文化提供场景，同时也可以让旅游者真实体验到非物质文化遗产，领悟其丰富内涵。可见，"生活化"利用也是非物质文化遗产开发利用的一种方式，只是它所体现的非物质文化遗产是生活中的习俗类项目，它主要指传承主体的"返祖"现象，目的也有一定的营利性，而且可以是外人的体验活动，只是它比"舞台化"利用少了些艺术加工。近年来各地开发的大型旅游演艺节目就属于非物质文化遗产的"舞台化"利用，是典型的商业化利用非物质文化遗产方式。

我们一再强调产业化开发不同于一般商业化利用，产业化是将某种非物质文化遗产作为开发项目，对其进行大规模的机械化生产和产业化经营。当然，非物质文化遗产产业化并非简单的机械化、工业化，必须以非物质文化遗产的保护与传承为核心。所以，非物质文化遗产产业化不是将非物质文化遗产自原生空间移植到生产车间，恰恰相反，应该是经过科学论证，作为一个系统的工程项目，利用非物质文化遗产的象征性，增加与之相关的文化产品的附加价值。实现从传统文化资源到文化产品的转化，需要经过以下三个步骤：文化创意、文化生产、文化产品市场化。传统文化资源的多样性，为多角度的文化创意、多元的文化产品开发模式、多渠道的文化市场提供了可能。我国非物质文化遗产所蕴含的文化资源丰富多彩，许多资源优势远远没有转化为产业优势。当前正处于消费热点的文化旅游产业，仅仅是对民俗和民族传统工艺类非物质文化遗产的小规模产业开发，尚有许多非物质文化遗产项目处在持有群体自娱自乐、自用状态。实际上这些文化遗产具有极大的市场开发价值，只是我们还缺乏创意，未能把这些有着肥沃土壤的民间文化带出大山，不过这只是时间问题。随着当地居民观念的转变、文化开发利用模式的优化，相信会有更多的非物质文化遗产项目进入产业化轨道。

非物质文化遗产的开发利用可以广义地理解为商业化利用，由于涉及利用现代技术手段拓展非物质文化遗产经济价值，故可称为开发利用。而产业化开发则是开发利用非物质文化遗产的最佳形式。产业化开发既可以借助通信、新闻、出版、娱乐、游戏等形式，也可以通过发展影视、旅游产业，多视角开发新兴文化产业，促进传统文化进一步创新。

第三节 非物质文化遗产产业化的意义

一、激发非物质文化遗产传承者保护积极性

从生产者的角度看，通过产业化开发可以自发地产生关于知识产权保护的要求，从而从法制角度确立非物质文化遗产保护主体，促进非物质文化遗产保护和传承的良性发展。因此，产业化要求产权明晰，也只有明晰产权才能提供有效激励。产权明晰可以保障投入主体和收到回报的主体的统一性，因此才有投入的积极性和为提高回报而悉心经营的动力。当前非物质文化遗产持有群体并不拥有产权，对非物质文化遗产传承经济利益上的激励主要体现在两方面：其一，某些非物质文化遗产主要通过商业方式运作，如祖传的配方、工艺，虽然没有另行赋予非物质文化遗产产权，但可借助《中华人民共和国反不正当竞争法》（以下简称《反不正当竞争法》）中对商业秘密的规定加以独占。其二，来自政府的输血，数额肯定是有限的，且仅仅限于入选各级非物质文化遗产保护名录的项目和被确认为代表性项目的代表性传承人。这在财政部、文旅部印发的《国家非物质文化遗产保护资金管理办法》（2021）和文化和旅游部发布的《国家级非物质文化遗产代表性传承人认定与管理办法》（2019）及《非物质文化遗产法》中都有明确规定。

第一种情形仅仅对极少数非物质文化遗产项目在一定程度上进行保护，由于缺乏其他配套法规，单纯以《反不正当竞争法》进行保护难以解决产权交易

问题。这类非物质文化遗产的命运几乎完全取决于市场对它的认可和持有人的个人偏好，如果保有人没有兴趣，不再花费心思，最终市场会抛弃它，非物质文化遗产就会消失。第二种情形，尽管进入代表性项目名录的非物质文化遗产可以获得一定的保护资金，但因为没有明确的产权主体，这部分资金的使用效率很低，使用完毕也就失去了关注，没有人会关心它的未来。代表性传承人在获得名誉和一定资金支持的情况下，尚有一定的积极性，但仅凭个人力量完成非物质文化遗产项目的传承是不可能的。

实际上来源群体才是非物质文化遗产的社会基础，他们不被重视，没有相应的激励机制。对于代表性传承人和来源群体的区别对待，在一定程度上伤害了来源群体对本地非物质文化遗产的情感联系。所以，一项非物质文化遗产有了代表性传承人不等于能够顺利地传承下去，因为有许多集体传承项目无人积极参与。来源群体的冷漠标志着文化认同感的淡漠，这种文化遗产即使存在也是名存实亡了。加之政府主导下的行政保护模式受政绩观的影响而存在短视弊端，把本地区有多少非物质文化遗产项目列入各级保护名录、有多少艺人被确定为代表性传承人作为考核非物质文化遗产保护的成果，导致政府部门在非物质文化遗产保护工作中重申报、轻保护。

过分强调保护，却又缺乏保护手段，是我国非物质文化遗产走向衰败的主要原因。活态文化只能是现实生活需要的文化形态，它的生命力就在于人们的生活所需。反思传统京剧、相声衰败的原因，不难得出以下结论，即脱离人们需求的文化现象不具有生命力。确定代表性传承人，赋予其称号，给予一定物质的和精神的支持，是挽救文化遗产的一种方式，但不能成为主要方式，而激发公众参与传承、保护文化遗产的最佳方式是为他们提供更多的自娱自乐场所和机会，如春节联欢晚会就对唐山皮影的传承发展起到了推动作用。

由于文化遗产的传承受到市场经济体制的影响，其传承主体只有得到了实际的利益回馈并受到充分的尊重，他们才会自豪于自己占有的稀缺资源，才能够自觉地去发挥这些资源的最大价值，让这些传统资源焕发勃勃生机。所以，不仅要进行行政保护，在法律保护上也要特别关注，从而激发传承主体的自觉性。例如，灯台树和灯盏花是藏族和羌族古今传承的良药，并在云南等少数民族地区广泛种植，但由于缺乏市场意识和权益意识，被有心人进行药品开发赚取暴利，在止咳、心脑血管病症治疗方面大肆宣传，而提供这些医药知识的人或者传承医学药理的人却没有获得任何实际回报。这样的问题一旦长期得不到解决，那么对于非物质文化遗产的留存传承十分不利。从排他性角度分析，公共产品在消费上的激励有所缺失。在非物质文化遗产保护方面，政府要加大关注力度，不断弥补不妥之处，确保传承人或持有人能够有效保障自身利益，保护他们应有的权益，这对于非物质文化遗产传承意义重大。

在时间的不断流逝中，有一些非物质文化遗产逐渐淡出人们的视野，不再出现在文化舞台上。当前的社会文化日新月异，在文化消费上有了更强的挤压性，从传承者角度来看，越来越多的非物质文化遗产传承人开始慢慢放弃，加之民众的兴趣越来越小，导致非物质文化遗产的整体规模不断降低。对于非物质文化遗产来说，人是最为重要的活体载体，传承人去世后非物质文化遗产也就消失了。而从民众角度来看，提升他们的积极性就要从利益角度出发，让他们能够从精神上感受到舒适慰藉，并且能够获得物质利益。

二、杜绝非物质文化遗产资源滥用

产业化促进产权制度的完善，产权制度反过来保护产业的顺利发展。产权制度为什么会有这样的作用呢？克服公地悲剧，产生激励机制。赋予非物质文化遗产所有人对其非物质文化遗产产地排他性权利，尤其是获取经济利益的权利，才能消除在非物质文化遗产的营利活动中的无序状态。持有人首先会为精神利益而战，对于歪曲、贬损其祖先人格尊严和民族形象的行为予以反击，直至寻求法律的保护。对于以营利为目的的侵权行为，持有人为捍卫自己的经济利益，自会不遗余力地遏制侵权人。现实中侵害非物质文化遗产权益的行为往往出于经济利益的需要，即使采用贬损的手段也是为了提高自己文化产品的竞争力，打击其他文化产品市场形象，那只是一种恶作剧而已。所以，发生对非物质文化遗产的侵害往往是为了经济利益，对于能够产业化的非物质文化遗产未经持有人允许而擅自开发利用，对于不能进行产业化的纯粹精神项目进行经济开发，只有明确了非物质文化遗产的权利主体，才能激发持有人自觉保护的积极性，杜绝非物质文化遗产保护中搭便车的心理和行为。

非物质文化遗产产业化除了能够通过明确产权确认主体的权责、赋予权利人自行权利排除侵权人、净化非物质文化遗产开发利用市场外，产业化作为有组织、有计划地利用非物质文化遗产的方式，在保护非物质文化遗产方面也有着无可比拟的优势。非物质文化遗产个别开发利用的欠规范性，已经给人们留下了惨痛的教训。尽管许多地方法规已经加大了对该类行为的惩罚力度，但这类案件不易侦破，与其亡羊补牢，不如事先防范，必须寻求有组织的规模化合理利用和开发才能实现集中管理。

产业化经营的最大优势就在于计划性，克服分散利用的无组织性、盲目性。通过制定和实施发展规划，可以实现合理规划和布局，扶持新兴产业，形成新的行业，创造出衍生产品，从而形成从传统文化收集整理，到创作、制作文化成品，再到营销等一系列经营环节构成的成熟的产业链。这期间需要动员各方资源要素，进行有机的集聚和整合。这是分散、封闭的个别利用所不能完成的。当然，非物质文化遗产产业化需要有一定的文化基础，有必要挑选国家级、省级非物质文化遗产代表项目进行实践，不断挖掘、不断创新。在形成特定产品后实施企业化生产，用历史标准规范其传统工艺，把传统产品与现代科技相结合，借现代企业制度进行管理，以增强传统文化产品的竞争力。

产业化开发利用可以充分发挥开发主体或者组织者自身科学的治理结构，利用团队协作优势，协调拥有者改善生活环境和社会地位与保护者保持非物质文化遗产延续性之间的利益关系。许多非物质文化遗产群体性项目必须依赖于产业化，这倒不是因为这类项目自身需要多数人的参与，因为再多的无组织的个体也难以很好地完成需要组织化的活动，那是一盘散沙，缺乏科学的组织。如文化空间的保护便是明显的例子，在实际的操作过程中，许多非物质文化遗产凭借的文化空间和社会环境往往与落后的生活方式和相对封闭的社会群体相联系。如果刻意地保留非物质文化遗产赖以生存的环境，就是剥夺传承群体赶上时代步伐的发展权，如果不把这个环境封闭起来，则难以维系非物质文化遗产的自然传承。产业化就解决了这一难题，各地专门建立文化生态园，可以为原本的相关资源提供可操作的平台，使之相对独立于社会和文化空间之外，对环境的依赖性降低。如此，非物质文化遗产传承群体生活方式的改变和所引起的文化空间的转变，不再过多受制于非物质文化遗产保护和传承的限制。相应地，从保护者的角度讲，文化生态园为非物质文化遗产创立独立的保护空间，使其在一个相对封闭的人文空间以新的姿态存在下去。这不仅挽救了传统文化，也保障了非物质文化遗产持有群体享受改革开放的成果，过上新生活。既遏制了个别开发的过度商业化，又能保证非物质文化遗产的可持续发展、保证文化的多样性。

政府除了在开发资金上给予一定的补助，更重要的是要担负起净化文化市场的责任，由政府对开发利用非物质文化遗产的营利性行为进行有效监督，协助非物质文化遗产持有人遏制非物质文化遗产的非法开发利用，保证非物质文化遗产的合理利用。

三、促进地方经济发展

非物质文化遗产在产生的那一天，可能没有艺术加工，只是生活的一个构成部分。而在后来，有些非物质文化遗产项目便演化为生活和艺术的综合体，艺术成分在增加，部分人开始成为专业人员而从事艺术活动，舞台演出、手工制作、中医中药等都独立于农业生产成为专业化经营，非物质文化遗产的经济价值越来越突出。直到今日，很多非物质文化遗产都可以进行经济开发和利用，是当代许多文化产业的文化资源，口头传说、艺术表演等是音乐、戏曲、电影、电视、旅游等产业发展的资源。手工技艺成为手工艺品、旅游业开发利用的资源。有关农业、医药的知识仍然为农业生产和中医药事业提供服务。

如何才能使可经营性非物质文化遗产项目获得最好的社会效益和经济效益呢？一直以来，非物质文化遗产都是以民族、家族为单位进行传承，民族传承的非物质文化遗产项目多以非经济利用方式进行，而家族传承的非物质文化遗产项目以技艺类为主、以经济利用为目的。但两种传统的传承方式都比较保守，传承范围和内容又相互制约。

在进行非物质文化遗产的产业开发上，要适应现代社会的发展需求，不再拘泥于传统的传承局限。非物质文化遗产产业化能够适应时代发展，同时结合创意表现更好地进行创新特征表现，这对于古老信息传承十分有必要，能够确保现代民众熟悉了解古代文明文化，并且能够使得非物质文化遗产持有人或传承人获得收益，对非物质文化遗产进行投资的群体也能够获得应有利益。很多地方政府也在思考非物质文化遗产的产业化发展，并且不断地进行探索，特别是一些经济欠发达而传统文化底蕴又相对深厚的少数民族聚居地区，如云南、广西、贵州等地，近年来的传统文化产业发展已有相当规模，为当地群众带来了经济效益，目前已成规模并在全国都有影响。非物质文化遗产实施产业化是我国一些少数民族地区尽快脱贫致富的重要手段。大多数旅游景观不是纯粹的自然景观，而是人文与自然的结合，这是非物质文化遗产产业链延伸的结果。这不仅丰富了旅游的文化内涵，增加了旅游情趣，也大大促进了当地经济的发展。

　　非物质文化遗产产业化对地方经济的积极作用是长远的，有一些在短期内并不能显现出来。比如优化文化产业结构，创建集约化经营模式。利用非物质文化遗产的地域性、民族性特点，创造民族品牌，可以打破地区封锁，实现跨区域经营。具有相同民族特色的文化产品可以实现跨区域联合开发，共同经营传统文化产品。

　　非物质文化遗产资源丰富的农村可以和掌控创意设计、影视娱乐的城市文化企业进行合作，充分挖掘文化资源的潜在价值，改变过去农村简单地利用开发自然资源图生存的状况，实现产业升级，关闭污染严重的工业企业，满足人们对文化产品的消费需求。产业化还可以解决农村文化资源分散、条块分割的弊端，发挥政府协调作用，整合资源，对传统文化产品进行结构调整。目前，许多地方的新农村建设就是以传统文化产业为龙头，营造新型生态环境，成为适于人类居住的区域。

　　总的来说，开发利用非物质文化遗产，能够有效地促进新产业的培育孵化。从经济特征上看，这些新产业能够循环使用并且有着无污染的经济特征，符合经济可持续发展的要求。在非物质文化遗产产业化累积和创造过程中，要有效地配合和传承文化资源，通过现代化技术对新兴文化方式进行表达，有效融合传统文化意识，并符合当代人消费理念，不断丰富人们精神生活，让民众有丰富的业余生活。因此，为了更好地在经济发展过程中保证社会文明不断传承进步，应该开发充分利用文化遗产价值，在强化文化遗产保护的同时，使非物质文化遗产形成产业并顺利健康地传承。

四、有利于弘扬民族精神文化

无论哪个类型的非物质文化遗产，其产生之初必为生存所需，而生存的第一需要是物质需求，在温饱存在威胁的情况下不可能讨论精神需求。也可以说，即使有精神世界的文化活动也是为了获取物质，如早期的图腾崇拜活动直至后来的家族祭祀活动等，这些看似纯粹的精神活动无一不是为了满足温饱。所以，把非物质文化遗产活动作为精神文化活动对待，或者作为精神享受，只是近年来的事情。以前可以认为就是物质文化活动，或者只是经济活动，和文化根本就不沾边，不是意识形态范畴的东西。

现在我们大力发展非物质文化遗产，提倡保护非物质文化遗产，是要弘扬积淀在这些传统文化形式中的灿烂的民族精神，增强认同感，协调人们之间的关系。仁义礼智信等理念是蕴含在各类非物质文化遗产项目中的，传说、戏曲、舞蹈、美术、手工艺器物、庆典礼仪等，都不同程度地从某一个方面体现着民族精神，弘扬推动人类进步的价值观。由于精神寓于物质载体之中，或者在某一场景中才会被重现和加强，因此，一个民族传统文化的精神不能脱离载体和环境。有人认为非物质文化遗产的载体就是具体的传承人，这话有一定道理，如许多口头文学，或仅仅靠师徒口头相传的非物质文化遗产。但绝大多数非物质文化遗产项目是要凭借有形载体而存在的，如果人们对这些有形载体的需求降低或者不再需要，如果没有人愿意以某种方式把口头文学记录下来，则绝大多数非物质文化遗产将会消失。而要弘扬我们所需要的传统价值观，就需要保护这种价值观所依赖的物质载体和传承人。

　　非物质文化遗产保护的产业化运作能更有效地传播民族文化。非物质文化遗产产业化运作与纯粹的行政保护相比,文化传播的优势十分明显。传统文化资源通过产业化打造出自己的特色品牌,不仅能产生更多经济利益,而且能将社会效益最大化。产业化激发人们参与非物质文化遗产开发和传承的积极性,能够吸引更广泛的群体参与,因为有经济利益的刺激,这便是市场的作用。通过产业运作,文化产品通过各种商业渠道迅速流转到消费者手中,其文化传播的扩散效应十分明显。如通过影视观看、器物制作、旅游纪念、食品销售等,可以从视听、触觉、味觉等多方面进行全方位的文化传播。产业化能够在获得利润的同时传播文化,而后将获得的利润再投资于文化产业,迅速实现扩大再生产,产生的经济效益可以为事业发展、科学研究、保护和传承非物质文化遗产提供资金支持。但是,个别化开发,或者在政府主导的保护模式下,多是简单再生产或缓慢地扩大再生产,不仅产品单一,创新能力也远远不能适应市场要求,所以注定走向衰败。近年来,我们保护非物质文化遗产、发展非物质文化遗产的实践已经证明,传统的传承模式已经走进了死胡同,必须探索新型的传播方式,如将传统的民间工艺品、传统食品、戏剧曲艺、民风民俗等濒临灭绝的非物质文化遗产项目纳入旅游产业,重新发掘、整理、更新和提高,将持有人对非物质文化遗产的兴趣重新激发出来,提高他们的认知水平,实现经济效益和社会效益的共同提升。

　　继承和弘扬中华传统文化的重要阵地在农村,农村不仅是我国非物质文化遗产的发源地,也是主要保存和传承地。产业化不仅使非物质文化遗产成为许多农村地区的经济支柱产业，增加了农民收入，改善了他们的生活条件，同时培养了大批非物质文化遗产传承人。有许多学者谴责非物质文化遗产在农村的商业化开发，认为这样会破坏文化的真实性，不能真正使文化内涵得以传承，这是杞人忧天。非物质文化遗产产业化不仅不会破坏文化的本真性，相反会使持有人更加信奉他们的文化。因为传统文化给他们带来了经济利益，他们感谢祖先留下的这份宝贵遗产，为游客进行表演并不会淡化他们举行仪式时的虔诚，游客观看表演仅仅是了解一种文化和习俗，所以非物质文化遗产产业化不会破坏文化的本真性。相反，它会促使更多人了解甚至参与保护非物质文化遗产的活动，即使非物质文化遗产持有群体以外的人也会为民族文化的博大精深所感染，自觉地以各种方式加入非物质文化遗产保护队伍。更多的非物质文化遗产受众意味着更多的关注，可为非物质文化遗产的"活态"保护营造良好的氛围。所以，产业化可以使非物质文化遗产面向社会，保护主体多元化，使非物质文化遗产的传承更加全面和完整。

非物质文化遗产产业化不仅使得传统文化以较迅速的方式在大众中传播，使更多民众在消费文化产品和参与非物质文化遗产文化活动的过程中了解到我国的文化内涵，激发起民族自豪感和爱家、爱国、爱同胞的情怀，还可以起到宣传、教育和普及的效果，使得大众对非物质文化遗产有更多的认识，为非物质文化遗产传承营造必要的文化空间和社会环境。同时，文化的差异性又促进了文化交流，文化差异性越大，文化产业的发展空间就越大，区域文化交流的必要性就越强烈。不同文化背景的人对文化消费品的需求日趋多样化，交流需

要文化机构把传统文化与现代科技手段结合起来。通过对外提供文化产品，向

他们再现中国优秀的历史文化传统，让世界人民能够更全面更真实地了解中华

民族的辉煌历史和风土人情，为各种文明的融合和交流提供一个广阔的平台，

为世界文化多样性的发展做出我们的贡献。

第二章　中国非物质文化遗产产业化发展的现状及趋势

非物质文化遗产是产生、发展于人类社会历史进程中，与人类生活实践和生产劳动联系紧密的集体经验、智慧、技艺、信仰等的世代传承，是一个国家和民族的文化基因，也是一个国家和民族屹立世界的"根"与"魂"，具有极为重要的文化底蕴与传承价值。

第一节　中国非物质文化遗产产业发展的现状

中国非物质文化遗产产业是文化产业的重要组成部分，其独特、丰富的资源以及极富生命力、感染力的表现形式，使其在文化产业发展中具有广泛的群众基础。目前，这一新兴业态发展较快。迈入非物质文化遗产发展的新阶段，中国非物质文化遗产从保护思路到发展形态都产生了许多新的变化，生发出许多新的业态。在文化大发展背景下，越来越多的人认识到非物质文化遗产作为我国重要战略资源的重要性。同时，非物质文化遗产保护传承理念的更新也为非物质文化遗产在新时期多产业深度共融发展奠定了思想基础，非物质文化遗产与旅游、互联网、金融、教育、科技等产业的融合发展成为当前非物质文化遗产发展的重要方向。

一、非物质文化遗产衍生品产业发展进入新形态

目前来看，艺术衍生品产业的发展已经进入了一个比较新的发展阶段，正迎来前所未有的机遇，也面临着结构性的转型：一是消费市场规模化兴起，需求旺盛。二是世界艺术衍生品产业链发展面临重塑。三是中国概念不断崛起，中国民族文化资源介入艺术衍生品产业发展的机遇正在成熟。在这一趋势下，我国作为具有丰厚非物质文化遗产资源的文化大国，积极发挥非物质文化遗产的资源优势，推动非物质文化遗产衍生品产业的发展具有重要意义。文创产业的发展能够促进中国文化产业整体升级，最终带动中国文化走出去，带动中国文化艺术资源产业化、资产化。因此，在多元化融合发展成为时代主题的今天，面对非物质文化遗产衍生品产业展现的巨大市场潜力，以及传统非物质文化遗产保护与发展模式很难适应现代社会非物质文化遗产发展需要的现状，积极推动非物质文化遗产衍生品产业发展、促进产业转型升级意义重大。

目前，我国在非物质文化遗产衍生品打造方面已经进行了诸多探索。如各大高校深入发掘非物质文化遗产，提炼非物质文化遗产元素，积极将其与现代设计融合，打造出许多独具特色的非物质文化遗产文创商品，与相关企业、机构、互联网电商、传承人等直接合作，创立非物质文化遗产衍生品品牌，拓展线上线下多渠道销售，加大非物质文化遗产宣传推广，提高非物质文化遗产消费体验等。可以说，非物质文化遗产衍生品正逐渐脱离以往在艺术品商店、美术馆、博物馆等空间的零售模式，开启较为成熟的产业化发展形态。非物质文化遗产衍生品的发展从初期的小规模市场逐渐独立发展，形成较完整的产业链，包括

非物质文化遗产文化价值的深度挖掘，非物质文化遗产元素的提炼、创意、设计、生产、销售、消费等。凝聚非物质文化遗产资源，开展多产业跨界融合发展，在现代设计与前沿科技的推动下，尤其在"互联网＋"平台作用下，非物质文化遗产衍生品产业发展速度将大大加快，宣传与消费渠道将更加宽广。此外，在国家的高度重视与社会各方力量的共同参与下，我们相信，中国非物质文化遗产衍生品产业在新发展中能够抓住机遇，在世界艺术衍生品产业链发展重塑及我国艺术衍生品产业结构性转型的双重推动下，能够建成既面向国际又具有民族特色的中国艺术衍生品产业格局与产业市场。

二、文旅融合为非物质文化遗产发展创造新机遇

各国都十分重视非物质文化遗产与旅游的关系，为此，联合国教科文组织在《实施〈保护非物质文化遗产公约〉操作指南》的修订中专门增加了"旅游业对非物质文化遗产的影响，及非物质文化遗产对旅游业的影响"的表述。文旅融合为非物质文化遗产传承发展带来了新的机遇，它不是机械地将文化与旅游相加，而是一种自上而下的、全面的深度融合，不仅丰富了人们的日常生活，提升了人们的精神面貌与幸福感，同时也为非物质文化遗产产业的发展开辟了更大的空间，带动了区域经济的高速发展，产生了丰厚的经济收益，尤其在少数民族非物质文化遗产项目的开发方面，具有极强的推动作用。2018年机构改革的推进加速了文化与旅游产业融合升级，旅游消费持续增长。各地在挖掘非物质文化遗产资源的基础上，将民俗文化、历史文化、传统技艺等与旅游产业相融合，创造性地传承非物质文化遗产。此外，举办文化旅游节、开发旅游工

艺衍生品、打造非物质文化遗产主题旅游线路、开放非物质文化遗产主题公园、打造特色文化小镇等，都是积极推动非物质文化遗产文旅融合发展的有效措施，且深受群众欢迎。2018 年 7 月，非物质文化遗产大数据平台发布的《2018 年中国互联网用户非物质文化遗产认知与需求调研报告》显示，旅游是最受用户欢迎的非物质文化遗产商业产品。非物质文化遗产产业发展的文旅融合模式有：非物质文化遗产＋研学模式、非物质文化遗产＋民俗模式、非物质文化遗产＋文创模式、非物质文化遗产＋演艺模式、非物质文化遗产＋节庆模式等。从市场的角度来看，非物质文化遗产＋旅游模式主要是基于非物质文化遗产的活态属性与文化属性。一方面，非物质文化遗产的活态化是非物质文化遗产市场化的前提，因为非物质文化遗产先天具有市场基因，是在生活中产生与发展的，消费群体数量庞大；另一方面，非物质文化遗产的文化属性是非物质文化遗产与旅游融合的独特资源，通过资源开发能够打造出文旅市场中广受欢迎的产品，例如，故宫的文创产品就取得了十分显著的市场效益。各地都在积极打造非物质文化遗产实景演出，也纷纷引爆旅游市场，例如，张艺谋、王潮歌等人打造的山水实景演出"印象系列"，就是将非物质文化遗产元素与旅游场景相结合的成功案例。科技的发展为非物质文化遗产旅游产业不断注入新的活力，通过 AI（Artificial Intelligence）、VR（Virtual Reality）等技术的运用，游客能够更为深刻地感受非物质文化遗产、体验非物质文化遗产。

文化与旅游二者相互促进。传统庙会、节庆本身无法形成产业，但与旅游结合就能够有效吸引游客，提升旅游发展的内涵，丰富其形式，助推产业发展。非物质文化遗产作为文化领域中最具有代表性的板块，与旅游相融合能够形成非凡的文化旅游新业态。当然，在非物质文化遗产与旅游产业的融合发展中也存在很多问题，如对非物质文化遗产资源的文化内涵发掘不足、地域特色不突出、同质化现象普遍、融合方式有待深入、融合理念需要提升等，但不可否认的是，文旅融合为非物质文化遗产发展创造了新机遇，为非物质文化遗产产业发展提供了广阔的空间，成为非物质文化遗产进一步发展的重要引擎。

三、非物质文化遗产与影视产业发展互相成就

非物质文化遗产与影视产业的融合发展模式是一种互相成就的典范。非物质文化遗产依托影视作为载体与平台进行广泛的传播，影视则因非物质文化遗产深厚的文化而更好地展现故事情节，提升作品品质与艺术感染力。近年来，不少非物质文化遗产项目在与影视融合的开发模式上取得了巨大的社会关注与经济效益。如藏族史诗《格萨尔》、彝族创世史诗《查姆》、瑶族史诗《密洛陀》等脍炙人口的影视文学作品，为当地少数民族"非物质文化遗产"项目的产业化发展提供了精彩而完整的发展形态；影片《刘三姐》《百鸟朝凤》等的播出，进一步将非物质文化遗产带到观众的面前。2018年红遍亚洲、网络播放量超过150亿次的宫廷热播剧《延禧攻略》更将非物质文化遗产与影视产业的融合推向高潮。一方面，剧中人物服饰融入刺绣、缂丝、绒花等多种非物质文化遗产项目，均由老绣工纯手工绣制，甚至苏州缂丝制作技艺传承人也参与制作指导；剧中饰物"绒花"由"南京最后的绒花匠人"赵树宪参照故宫博物院馆藏实物手工制作而成。另一方面，剧中展现的昆曲、打树花等非物质文化遗产项目，使观众感受到非物质文化遗产所蕴含的文化与美感。在《延禧攻略》IP带动下，

苏州非物质文化遗产办积极推送介绍剧中所用苏州苏扇、缂丝、吴罗、苏绣、昆曲等，成功地将当地非物质文化遗产推向市场，引起了广泛的关注。非物质文化遗产与影视产业互相成就，非物质文化遗产为影视业带来了精彩的文化"包装"，影视业也将非物质文化遗产置于更广阔的传播平台上，以全新方式展现非物质文化遗产的价值与魅力，让更多人关注到非物质文化遗产，而这种极高的关注无论是对非物质文化遗产还是影视产业来说都是极为重要的发展机遇。

四、科技驱动非物质文化遗产发展呈现全新模式

科技创新发展是非物质文化遗产研究与实践发展的重要突破点，科技极大地促进了文化产业的表现方式、创新以及传播能力，变革着人们的生产、生活方式，也为文化遗产的保护提供了更加可靠的技术支持，对挖掘、传承、发展中华民族博大精深的文化资源，对信息时代中国文化在国际获得尊重与认同具有重要意义。科技作用于非物质文化遗产保护与传播早已不是新命题，我国非物质文化遗产发展在科技力量驱动下呈现出新格局。一方面，基于互联网技术的创新发展，文化的交流形式被重新定义，互联网已成为文化融合与海内外传播的重要载体与渠道。新媒体使非物质文化遗产传播更为立体，微信、微博、抖音等社交平台为现代人的生活带来了前所未有的体验，AR（Augmented Reality）、VR、AI 等新技术的出现使非物质文化遗产保护与传承模式走向新阶段。在高科技手段的运用与沉浸式展演的热潮中，许多非物质文化遗产项目走进了大众的生活。如在贵州"黔·视界 2018 非物质文化遗产文化艺术周"上，非物质文化遗产与科技结合，为观众带来了一场穿越时空的非物质文化遗产文

化盛宴,光影互动艺术装置的运用集视觉、艺术、互动娱乐于一体,展现非物质文化遗产之美,VR技术、(three dimension)技术让观众"触手可及"地体验与感受非物质文化遗产。2018年北京世纪剧院的Memory 5D+《五维记忆》中国非物质文化遗产沉浸式创意秀,以全球最新视觉成像技术360°无死角造景,使观者沉浸于表演中,同时采用7.1环绕声场设备及气味传感技术,为观众带来听觉与嗅觉的震撼。借助高科技手段,非物质文化遗产在记录、传播、衍生品生产、商品交易等各方面都与以往有了很大区别。传统影像资料保护技术存在诸多弊端,已很难满足非物质文化遗产量大、点多、分散等特点下的保存需要。因此,对非物质文化遗产进行数字化保护,在尊重非物质文化遗产原始生态基础上运用数字摄像、二维三维扫描、3D模型制作、超清摄影等数字技术方法和手段对非物质文化遗产进行信息数字化采集,把珍贵的非物质文化遗产技艺,如传统音乐、舞蹈、美术、民俗活动、民间体育等非物质文化遗产信息转变为可以度量的数据化资料,高度保真地存储于计算机、互联网中。可以说,现代科技融入非物质文化遗产保护工程已成为当前中国非物质文化遗产保护发展的主要方式之一。当然,在探讨科技对非物质文化遗产的保护与传承作用时,不应仅仅停留在对非物质文化遗产表面的整理记录,而是要通过数字化的手段更好地理解其文化精神与内涵,以数字时代的文化基因赋予非物质文化遗产新的生命力。

目前,我国非物质文化遗产产业与科技的融合已经有了较好的开端,但融合的规模还比较小,融合度还有待加强,系统性与完整性等一系列问题尚需解决。因此,在今后的发展中还需要更多科研力量的投入,进一步探索科技注入非物质文化遗产产业的发展路径与方法，平衡非物质文化遗产与科技的产业融合，助推传统文化在新时代的发展，使非物质文化遗产产业迈上更高的台阶，打造可持续发展的产业模式，将我国珍贵的非物质文化遗产及其文化资源生生不息地传承下去，为子孙后代留下宝贵的民族文化遗产。

五、"产教融合"推动非物质文化遗产薪火相传

目前，"产教融合"正成为突破高等教育与产业发展矛盾、解决社会经济发展中众多问题的战略选择。新中国成立后，产业与高等教育发展大致经历了以下几个阶段：一是产教边界清晰阶段，二是产品导向的产教同构阶段，三是政治导向的产教捆绑阶段，四是知识本位导向的产教关系弱化阶段，五是创新驱动导向的产教关系恢复阶段，六是当前"产教融合"发展的进行时新阶段。

非物质文化遗产"产教融合"的创新模式对推进新时期非物质文化遗产发展的创造性转化与创新性发展具有重要作用。2017年，国办发布《关于深化"产教融合"的若干意见》，提出深化"引企入教"改革，这表明"产教融合"已经成为社会责任。2018年5月，教育部发布《关于开展中华优秀传统文化传承基地建设的通知》指出：为深入贯彻落实党的十九大精神，深入推进中华优秀传统文化全方位融入高校教育，不断创新新时代高校传承中华优秀传统文化的理念、形式与方法，充分发挥高校文化传承创新的优势与作用，着力提高中华优秀传统文化传承发展的质量和水平，经研究，决定在全国普通高校开展中华优秀传统文化传承基地建设，支持高校围绕民族民间音乐、民族民间美术、民

族民间舞蹈、戏剧、戏曲、曲艺、传统手工技艺和民族传统体育等传统文化项目建设传承基地。2019年，国务院印发《国家职业教育改革实施方案》，提出促进"产教融合"、校企"双元"育人。

一系列文件的发布实施标志着在经济发展新常态下，"产教融合、校企合作"已经纳入国家层面的政策导向，成为时代发展的必然趋势。

非物质文化遗产是一种活态传承，其核心在于对传承人的保护。"师徒相授"是非物质文化遗产传承发展的传统模式，而"产教融合"的深度发展能够极大地推进非物质文化遗产的薪火相传。第一，"产教融合"能够聚拢非物质文化遗产资源优势，开展非物质文化遗产职业教育，突破以往传承方式单一狭窄的状态，从非物质文化遗产人才培养、创新创业、产品转化、市场营销等方面入手，在一定程度上能够缓解非物质文化遗产传承人断档的问题。第二，将非物质文化遗产传承与职业教育对接，以系统化、现代化的教育理念为指导，在教学中实现传统技艺与现代设计的融合，能够极大地提升非物质文化遗产传承的"造血"能力。第三，"产教融合"的发展模式在与相关企业合作过程中对于高校人才培养，尤其是应用型人才培养意义重大，能够最大限度地实现资源对接与共赢发展，为新时期非物质文化遗产产业化发展带来新的机遇，助力我国经济的持续、高速发展。

六、互联网让非物质文化遗产焕发青春

"互联网+"已经上升到我国文化建设的战略层面，互联网已经渗入到社会的各行各业，人们的生活方式与消费习惯发生了翻天覆地的变化。

互联网机制及其平台建构正在改变传统文化的发展形态，为中国传统文化打开一扇发展的新大门，带来更多发展的可能性、发展机遇以及更大的发展空间。互联网机制及其平台建构适宜传统文化资源价值发现与跨界融合，能够让传统文化焕发青春与生机。以往一谈到非物质文化遗产就会想到抢救、保护，一谈到互联网就会强调其对传统文化的冲击，而忽视了互联网通过时尚的、生活的、市场的手段正在将传统文化融入当代生活的一面。如今，我们更多的是强调"市场＋互联网"的发展机制，建立"平台＋互联网"的机制架构，从而解决非物质文化遗产市场与产业发展的诸多问题。

目前我国"互联网＋非物质文化遗产"的产业发展模式已经进入了实际的应用阶段。互联网机制具有开放包容、便捷、高效的特质，借助互联网平台、云计算、大数据与移动支付等信息技术手段，非物质文化遗产的数字化资源能够通过动态图文、新兴媒体、虚拟现实技术等方式，以网络化、可视化、数字化的形态在电脑、触摸屏等传播载体上得以有效传播，影响力持续增强。同时，在互联网思维下，产业发展思路不断转变，使用与销售渠道不断拓宽，找准自身生存定位成为新时期非物质文化遗产产业发展极为重要的突破口。在实践中，近年来互联网"非物质文化遗产＋众筹"市场极具吸引力。2016 年 1 月，国内首个非物质文化遗产互联网众筹项目"春节非物质文化遗产众筹"在淘宝网正式上线，开启了中国非物质文化遗产产业发展新篇章，为广大网友提供了接触非物质文化遗产的全新体验平台。此后，国内陆续成功发起了多项非物质文化遗产互联网众筹项目。2018 年 8 月 14 日，京东众筹平台与互联网黄金产品优质企业金钱柜文化联合推出的花丝镶嵌工艺产品"花丝葫芦"公开发售，以"90

后""00后"为目标受众，通过互联网经济下的新兴媒介让更多年轻人看到非物质文化遗产艺术品。"互联网＋非遗"的产业模式将文化机构、非物质文化遗产企业、传承人等纳入网络环境，打破非物质文化遗产资源的地域限制，实现了产品的跨区域销售，在刺激消费的同时扩大非物质文化遗产 IP 传播，促进非物质文化遗产及其文化的传承保护，实现了互联网与非物质文化遗产产业发展的双赢局面。因此，我们说互联网让非物质文化遗产及其文化在新时期焕发青春。

七、非物质文化遗产知识产权保护问题备受关注

非物质文化遗产艺术品是一种特殊类别的艺术品。经过 30 多年的发展，我国艺术品市场的规模从名不见经传到世界第一，发展之迅速可谓有目共睹。从目前来看，在知识产权视野中，非物质文化遗产的知识产权保护主要涉及传统知识、民间文艺、传统名号三个方面。

随着知识经济与非物质文化遗产产业化发展的加快，我国非物质文化遗产市场中的知识产权相关案件数量骤增，与专利、商标等有关的纠纷不时发生。在中国非物质文化遗产知识产权保护过程中，存在的问题主要有以下几个方面：一是我国知识产权法律制度还不健全，对非物质文化遗产艺术品知识产权保护作用有限。二是在非物质文化遗产市场与产业新业态的实践发展中，人们对知识产权的保护意识还需进一步提高。三是在非物质文化遗产艺术品交易过程中，对传承人法律保护更多地表现为知识产权问题，但在具体法律实践或签订具体的合同时往往会错误地引用法律。四是非物质文化遗产艺术品知识产权的产业

融合能力不断增强，面临更多、更复杂的问题。五是随着非物质文化遗产艺术品知识产权价值的提升、经济利益的引导，使知识产权格外受关注，特别是互联网环境下知识产权发展与保护面临新问题。六是面对"互联网＋非物质文化遗产"的快速发展，新矛盾、新问题、新方法的出现为非物质文化遗产艺术品知识产权保护提出了新课题。

随着科技的发展、非物质文化遗产产业实践的推动，我国对非物质文化遗产知识产权体系的建立在认识上大大提高，对相关法律法规制定与出台的呼声一直在加大，这也是非物质文化遗产及其产业发展的现实状况。2018 年 2 月，中办、国办印发《关于加强知识产权审判领域改革创新若干问题的意见》（以下简称《意见》），该《意见》的出台对全面加快我国知识产权审判体系和审判能力现代化建设意义重大。2019 年 6 月 17 日，国务院知识产权战略实施工作部际联席会议办公室印发了《2019 年深入实施国家知识产权战略　加快建设知识产权强国推进计划》（简称《推进计划》），明确提出 2019 年推进国家知识产权战略实施的 6 大重要任务、106 项具体措施。其中对非物质文化遗产的知识产权保护进行了明确规定，同时指出要提高非物质文化遗产传承人的知识产权保护意识和能力，加强传统工艺相关资源的挖掘整理，支持各地开展非物质文化遗产知识产权保护研究。随着《推进计划》的实施，我们相信，虽然我国非物质文化遗产知识产权保护还有很长的路要走，但在国家的高度重视与知识产权战略指引下，非物质文化遗产保护法律法规与知识产权制度的衔接会更加顺畅，非物质文化遗产知识产权保护体系建构将不断丰富完善。

第二节　中国非物质文化遗产产业发展的问题

经过多年艰苦努力，中国非物质文化遗产及其产业发展虽然取得了长足的进步，但是其中非物质文化遗产传承人保护问题、非物质文化遗产开发过程中的本真性与标准化问题、如何处理非物质文化遗产产业化中建设性破坏与保护性破坏等老问题仍然没有得到妥善解决。随着新时代的到来，中国非物质文化遗产及其产业化发展又涌现出许多新问题，最值得关注的是：非物质文化遗产与当代主流文化脱节严重，非物质文化遗产与当代社会生活差距在扩大；非物质文化遗产市场、非物质文化遗产产业、非物质文化遗产产品在传播文化艺术方面的作用没有被重视；非物质文化遗产资源与区域综合开发的融合不够。总体来说，当前中国非物质文化遗产及其产业发展所面临的状况是：老问题仍然棘手，新问题层出不穷。

当前非物质文化遗产产业发展存在的问题有：非物质文化遗产文化资源创造性转化与创新性发展能力不足；非物质文化遗产产品内涵开发不足，传播形态单一；缺乏有效市场机制与服务平台；非物质文化遗产平台对非物质文化遗产艺术品市场与产业融合能力不强；协同创新机制缺乏，产业化后劲不足；人才结构不合理，从业人员文化水平偏低；经营管理落后，对新市场的适应能力弱；知名品牌数量少，品牌效应不足；政府扶持力度不足，非物质文化遗产政策存在误区；非物质文化遗产产业支撑服务体系不完善等。

一、创造性转化与创新性发展能力严重不足

弘扬中华优秀传统文化，要处理好继承与创造性发展的关系，重点做好创造性转化与创新性发展。所谓创造性转化就是要按照时代的特点和要求，对那些至今仍有借鉴价值的内涵和陈旧的表现形式加以改造，赋予其新的时代内涵和现代表达形式，激活其生命力。同时，所谓创新性发展就是要对中国优秀传统文化的内涵加以补充、拓展、完善，增强其影响力和感召力。当前中国非物质文化遗产产业在这两方面能力上还存在严重不足，已然成为非物质文化遗产产业面临的重要难题之一。

首先，非物质文化遗产与当代主流文化存在脱节，非物质文化遗产与当代社会生活的距离在扩大。非物质文化遗产产业化开发的根本目的是满足当代人们精神文化消费需求，这要求非物质文化遗产必须能与现代主流价值观密切联系，这样非物质文化遗产产品才有消费市场，整个产业才能获得利润。随着生活方式的演变，许多非物质文化遗产衍生品已经不适应现代生活发展需求，同时，在非物质文化遗产产业化开发过程中由于方式不当或存在偏差，以致忽视非物质文化遗产同现代主流文化之间的联系，导致很多非物质文化遗产的内容和工艺逐渐淡出现代百姓生活，使非物质文化遗产丧失了创造性转化的条件。

其次，不注重改造和淘汰非物质文化遗产中陈旧落后的观念或不适应现代文化生活的部分。非物质文化遗产本身处于一个"动态"发展过程，其自身也需要随着时代变化而不断发展完善。当前一些人过于追求非物质文化遗产保

护的"本真性"，不对非物质文化遗产自身文化价值进行仔细筛选甄别，在产业化运作中采取全盘接受或"一刀切"态度，致使非物质文化遗产中一些陈旧迂腐的价值观念被保留或放大，很多创新思想和点子无法进行落实，降低了非物质文化遗产的创造性转化空间，给非物质文化遗产产业继续发展了带来巨大阻碍。

最后，没有根据新时代文化的要求对非物质文化遗产传统文化进行补充、扩展与完善。非物质文化遗产创新性发展最关键的是要为非物质文化遗产注入现代文化新内容，实现创新性发展的一个重要手段就是与人们生活方式进行广泛结合。当今已进入科技信息化高速发展的时代，非物质文化遗产与现代科技的融合程度可以作为判断非物质文化遗产创新性发展的标准之一。当前非物质文化遗产在产业化过程中与现代科学技术融合程度不尽如人意，即便有所融合也只是表面上的科技运用，并没有建立非物质文化遗产与现代科技和生活方式之间的密切联系，非物质文化遗产的文化消费需求价值没有得到最大限度的开发，限制了产业化对非物质文化遗产的文化资源进行创造性转化与创新性发展的功能。

二、开发不足，传播形态单一

非物质文化遗产产品是非物质文化遗产传承重要的资源化载体，因此，要充分发掘非物质文化遗产文化资源价值就必须做好非物质文化遗产产品内涵开发，并进行广泛传播，这也是非物质文化遗产产业所应承担的重要责任。当前很多非物质文化遗产产品文化内涵不足，传播形态单一，非物质文化遗产产品作为非物质文化遗产资源载体的重要性体现不够。

首先，非物质文化遗产产品所蕴含的文化价值不高，抑或是非物质文化遗产产品与所代表的非物质文化遗产文化资源匹配度不够。作为以文化资源为核心的产品，产品的呈现形态必须突出其内在蕴含的传统文化底蕴与价值。当前很多非物质文化遗产产品从产品外观与使用价值上没有凸显与其所对应的历史文化价值，更多地着眼于产品的使用功能，在产品与非物质文化遗产之间仅仅做一种简单嫁接，使消费者在消费产品的过程中无法体会到产品所蕴含的历史文化价值，非物质文化遗产产品没有发挥好传播与扩散非物质文化遗产的作用。

其次，传播渠道狭窄，传播形态单一。第一，在产品宣传与非物质文化遗产传播上，很多非物质文化遗产企业没能充分利用融媒体或新媒体。在传播方式上，许多非物质文化遗产企业仍然沿用传统的传播媒体进行产品宣传与文化传播，限制了传播效率，造成传播范围狭窄、传播面不广、传播深度不足等问题。第二，不注重传播的交互机制。在传播过程中不注重受众反馈意见，或故意制造信息不对称，使得产业与市场脱节严重，企业适应市场需求变化的能力降低，无法最大限度地使非物质文化遗产产品满足消费者的精神文化需求，不利于非物质文化遗产产业健康有序发展。

最后，追求经济利益，忽视社会效益。如何平衡经济利益与社会文化价值之间的关系是包括非物质文化遗产产业在内所有文化产业都必须要面对和处理的首要问题。关于这一矛盾，学者们已经给出了解答，即文化产品要以社会效益为主、经济效益为辅，当经济效益与社会效益发生矛盾时，经济效益要服从社会效益。

在具体操作过程中一些企业却本末倒置，把经济效益放在第一位，不注重非物质文化遗产产业化的核心作用是通过市场、产业与产品来传播非物质文化遗产，而使非物质文化遗产产业同其他物质产业一样纯粹是以利润为导向，疏忽自身与其他产业相区别的特殊功能，没有最大限度地履行作为非物质文化遗产资源载体应具备的责任。要保证非物质文化遗产产业的持续发展，利用市场机制传播非物质文化遗产应该得到足够的重视。

三、缺乏有效的市场机制与服务平台

非物质文化遗产是中国文化产业发展的战略突破口与重要抓手，然而，市场机制不成熟、不完善，服务平台效率低或功能不全，这一切成为非物质文化遗产产业在新时期持续发展的重要障碍。

一方面，市场机制不成熟、不完善。第一，没有形成有效的市场机制以实现非物质文化遗产资源在产业间的优化配置。当前中国非物质文化遗产产业体系中，有个别企业通过兼并与扩张等方式在市场中形成垄断地位，阻碍了非物质文化遗产资源在不同企业之间的合理流动，不利于实现非物质文化遗产资源配置的帕累托最优。第二，没有形成自由交易的销售环境。成熟的市场机制要求有一个平等和谐的非物质文化遗产产品销售环境，当前一些非物质文化遗产企业利用自身优势故意造成企业与消费者之间的信息不对称，使消费者在交易过程中不能完全了解产品功能信息，以致做出错误的购买决策，导致产品售后问题频频出现。第三，在非物质文化遗产产品供求、价格制定以及风险管控方面没有建立一套行之有效的系统，很多决策权都把握在企业手中，缺乏科学、权威、严谨的行业标准，严重破坏了非物质文化遗产产业的合理秩序，不利于非物质文化遗产产业健康发展。

另一方面，缺乏有效的非物质文化遗产服务平台。第一，非物质文化遗产平台功能不全面。非物质文化遗产产业服务平台理应具备以下几种功能，即文化及其产品确权服务、非物质文化遗产产品鉴定服务、非物质文化遗产产品估值服务、非物质文化遗产产品溯源服务、集中保管服务以及物流服务。当前产业内却鲜少有同时具备上述所有功能的综合服务平台，使得很多实际问题无法得到有效解决。第二，缺乏科学合理的平台管理机制，内部管理混乱、人员冗余、分工不明确等现象尤为突出，加剧了非物质文化遗产产业的风险隐患，造成企业处理应急事件能力低下，降低消费者对企业甚至对整体非物质文化遗产行业的信任度，最终造成非物质文化遗产产品市场份额缩减的恶果。

四、市场与产业的融合能力不强

当前，非物质文化遗产平台不仅功能不全、效率不高，而且非物质文化遗产产品市场与产业的融合能力不强，无法对非物质文化遗产产品的"资源化、商品化、资产化和金融化"提供有效帮助。

一方面，非物质文化遗产平台在功能设计上未有效贴合非物质文化遗产产品市场实际需求。非物质文化遗产平台在功能设计上应该紧密贴合非物质文化遗产产业与产品市场中的切实需求，这样非物质文化遗产平台服务要有针对性，才能切实解决非物质文化遗产产品市场与非物质文化遗产产业发展中的具体问题。

当前非物质文化遗产平台在设计过程中不仅没有紧密贴合产业发展实际情况，没有根据非物质文化遗产产品功能与消费者反馈需求来进行功能设计，反而在很多方面人为主观判定，造成非物质文化遗产平台没能达到预期效果，严重降低了非物质文化遗产平台的效率。

另一方面，非物质文化遗产平台在构思设计阶段没有与产业综合规划相结合。第一，非物质文化遗产平台构思设计与非物质文化遗产产业规划设计相互隔绝孤立。非物质文化遗产平台建构没有被视为非物质文化遗产产业规划中一个关键有机的组成部分，在构思设计阶段没有同非物质文化遗产产业发展规划进行紧密结合，而是单独进行设计。第二，非物质文化遗产平台设计没有体现出非物质文化遗产产业未来的发展目标与方向。当前非物质文化遗产平台在设计构思上也没有向非物质文化遗产产业未来预期目标靠拢，在功能上也没有实现非物质文化遗产产品功能上的延伸，以致非物质文化遗产平台不能承担"创新"的产品开发和"融合"媒体传播的功能，也没有达成"有效率的交易"和受众群体"大众化"的目的，无法发挥连接非物质文化遗产企业与消费者的纽带作用，无法为非物质文化遗产产业提供一个健康有序的购物环境。

五、协同创新机制缺失，产业化后劲不足

文化创意产业的一大特征是它具有强融合性。就非物质文化遗产产业来讲，

实现可持续发展必须是金融、技艺、科技、研究、创意、设计、管理的协同发展。任何一项缺失都会严重阻碍产业化发展。从目前情况来看，非物质文化遗产产业还没有形成有效促进产业化的协同创新机制，这使得非物质文化遗产产业化后劲不足。

首先，非物质文化遗产产业创新能力不足。创新能力是协同创新机制的核心与根本，并非是产业与生俱来的，需要不断地培养与积累，没有创新这一核心，所形成的协同机制也只能是一具空壳。第一，创新意识不足。导致产业创新能力不足的首要原因是创新意识不足，没有创新意识就无法激励人们在实际工作中进行创新实践。当前非物质文化遗产产业对非物质文化遗产资源的开发或利用更多是充当搬运工的角色，即便改动也只是依据市场大众口味而进行的表面上的改动，并未将非物质文化遗产资源同现代文化深度融合。第二，创新人才缺乏。创新能否得以实行的关键还是得靠"人"，当前非物质文化遗产产业缺乏对非物质文化遗产文化资源进行创新开发的相关人才，既缺乏对非物质文化遗产资源进行创造性构思设计的人才，也缺乏将构思设计落实为产品的人才，导致整体创新乏力。

其次，很多非物质文化遗产产品的生产方式仍然停留在手工作坊式生产阶段，缺乏与现代文化创意产业元素的融合发展。非物质文化遗产本身的生产方式能否与现代文化创意产业相融合是非物质文化遗产创新协同机制建设重要的前提基础。一些非物质文化遗产生产者对现代生产方式持抵制态度，仍然坚持传统门户思维，拒绝采用先进生产手段，同时也拒绝与现代文创企业合作，使得创新协同机制很难构建。

最后，非物质文化遗产企业缺乏与科技企业、科研院所、创意机构的协作。一些非物质文化遗产企业从利润最大化角度出发，为了维护自身对非物质文化遗产资源的垄断权，更倾向于自己单干。而仅仅靠政府部门扶持的个别工作室又难以承担产业化创新的重任，导致对所开发的非物质文化遗产项目美学内涵理解不深，开发出的产品档次不高，创新难以达到预期效果。

六、人才结构不合理，从业人员文化水平偏低

对于任何行业来说，维持其生存与发展的关键还是人才。从当前实际情况看，中国非物质文化遗产产业存在人才结构不合理、从业人员文化水平偏低的问题。

首先，从业人员老龄化严重。从业人员年龄偏高、青黄不接是非物质文化遗产产业人才结构不合理的第一个表现。非物质文化遗产文化与工艺长久传承下去并焕发生命力需要有新鲜血液持续注入。当前从事非物质文化遗产工作的人员中很大一部分是年过古稀的老一辈，而老一辈往往更容易受传统思想影响，不易接触新事物，使得非物质文化遗产生产方式创新步履维艰。年轻人对非物质文化遗产工艺传承不感兴趣，宁愿从事其他行业，使得传统老工艺陷入后继无人的窘境。

其次，既懂传统文化内涵又懂产业化经营的复合型人才极度匮乏。非物质文化遗产产业同其他文化产业一样，具有经济属性与社会属性，要求从业人员既懂传统文化内涵又懂现代经营管理。当前大部分非物质文化遗产产业从业人员知识结构单一，懂传统文化的人员不懂现代经营管理，无法实现非物质文化

遗产产品价值变现，而懂经营管理的人才又不懂非物质文化遗产的文化内涵，往往造成过度开发的局面。复合型人才匮乏也致使企业必须分开招聘业务人员与经营人员，造成企业人员冗余。

最后，从业人员整体文化水平有待提高。如前所述，非物质文化遗产产业的运营不仅要求从业人员具备较高的文化水平及深厚的历史文化知识，也要求能熟练运用管理与运营方法。

七、经营管理落后，难以适应新的市场环境

非物质文化遗产产业经营管理落后，难以适应当前网络信息社会所营造的新市场环境。一方面，经营管理方式方法陈旧、过时，不能适应时代的需求。当前非物质文化遗产产业仍然沿用传统老式的经营管理办法，不注重吸收与学习新的管理方法，造成管理效率低下，企业所开发的非物质文化遗产产品与实际市场需求脱节。

另一方面，管理内容不全面、不科学，没有反映新时期非物质文化遗产企业真正面临的问题。一些非物质文化遗产企业仍然对传统管理方法照搬使用，没有结合自身实际情况进行改造，应该重点关注解决的新问题没有包含在企业管理内容中。例如，非物质文化遗产"资源化、商品化、资产化、金融化"等方面存在的问题没有包含在管理内容当中。同时，随着产业链逐渐完善，非物质文化遗产产品确权、产品鉴定、产品估值、产品溯源、产品集中保管及物流等方面内容也没有体现在管理内容当中。

八、知名品牌少，品牌效应不明显

非物质文化遗产产业要想获得长期发展，维持稳定的市场份额，必须打造知名品牌，提升品牌效应。当前非物质文化遗产产业知名品牌缺乏，品牌效应不明显。

首先，知名品牌数量严重匮乏。一个产业的发展程度可以从所拥有的知名品牌数量看出，而且知名品牌数量多寡也可以反映产业发展所取得的成绩以及产品质量的高低。当前，非物质文化遗产产业在知名品牌数量上严重不足，这意味着非物质文化遗产产业的市场占有率及市场渗透率严重不足，同时也反映出非物质文化遗产产业还没有形成稳定的消费市场，非物质文化遗产产业未来发展具有不确定性。

其次，品牌大众化程度不足，消费者对非物质文化遗产品牌的认可度不够。当前在非物质文化遗产消费市场中，被人们认知与认可的非物质文化遗产品牌数量稀少，消费者对大多数非物质文化遗产品牌没有感性认知，这使得非物质文化遗产产品的回头客严重不足。在已建立的有限的品牌当中，绝大部分呈现小众化特征，品牌普及度不高，意味着非物质文化遗产产品并没有被主流市场所接受，仍然存在非常大的改善空间，这对非物质文化遗产产业的长期健康稳定发展是极其不利的。

最后，非物质文化遗产产业塑造知名品牌的能力不强。知名品牌缺乏最根本的原因还是在于企业自身，当前非物质文化遗产产业塑造与培育知名品牌的能力严重不足，主要表现在：第一，非物质文化遗产产品质量良莠不齐，或没有集中对标市场需求。知名品牌能否建立的关键在于消费者对产品的认可，这一点可从产品质量上得到体现。当前很多非物质文化遗产产品质量低劣，使用价值不高，抑或是非物质文化遗产产品没能完全满足消费者的需求，造成消费者对非物质文化遗产产品的认可与接受程度低，自然也就难以形成知名品牌。

第二，非物质文化遗产企业不注重塑造企业文化，在经营管理过程中没有发现自身与其他同行企业之间的区别，没有将这种区别予以放大变成本企业与企业产品的特征，也没有基于企业与产品特征来塑造企业文化。或者，没有区别非物质文化遗产文化与企业文化，错误地将非物质文化遗产资源本身文化当成企业文化，没有弄清非物质文化遗产是企业产品开发对象而非品牌塑造对象，非物质文化遗产文化是非物质文化遗产产品的卖点，并非帮助企业树立在消费者心中的形象。这种认知误区使得非物质文化遗产企业没法正确塑造品牌形象。

第三，很多非物质文化遗产企业在品牌宣传上不到位。在建立品牌以后，很多非物质文化遗产企业不注重向消费者宣传品牌信息，消费者接受不到品牌信息，所以品牌不被消费者认知。同时在宣传渠道上，很多非物质文化遗产企业都没有利用大众化程度更高的网络等新媒体进行品牌宣传，限制了信息传播范围，导致品牌普及程度不高。

九、政府扶持力度不够，政策执行上存在偏差

政府对非物质文化遗产产业的扶持政策是影响非物质文化遗产产业发展的重要外部因素，它能为非物质文化遗产产业发展指明正确方向，并能为产业建设与开发起到迅速聚拢资源的作用。随着文化产业的迅速发展，文化产业创造

的巨大产值逐渐被政府部门关注，在非物质文化遗产产业上也逐渐有了政策倾斜，但是从整体来说，政府对非物质文化遗产产业的扶持力度仍然较小，同时在其所颁布与实施的政策中还出现了一些理解偏差及误区。

首先，政府对非物质文化遗产产业重视程度不够。中国很多非物质文化遗产原生资源是位于地理位置比较偏僻、经济不发达的小镇或农村。地方政府对非物质文化遗产开发认识不足，仅仅将当地非物质文化遗产资源作为一种简单的文化符号和当地居民的谋生手段，看不到经开发能产生更大更丰厚的社会文化价值与经济价值。同时，非物质文化遗产生产存在一个较长的成本回收期，地方政府很少甚至未出台相关保护与支持非物质文化遗产资源与非物质文化遗产产业的政策。缺乏政策支持，非物质文化遗产产业很难单靠自身力量聚集社会资源，在发展过程中会遇到更多阻碍。

其次，非物质文化遗产政策实施力度不够，后续力量缺乏。近几年来，各地政府针对非物质文化遗产产业相继出台各种扶持政策，而且政策覆盖面更加广泛、内容更加全面，政策与非物质文化遗产产业自身发展情况的贴合度也更加紧密，但是，很多政策仅仅停留在纸面上，在实践的力度上还远远不够，既缺乏人力资源与技术，也缺乏专项资金支撑。同时，"重申报、轻保护，重利用、轻管理"现象仍然非常普遍，具体政策落实不到位，并存在多个部门内容交叉、权责不清、沟通不畅的现象。

再次，非物质文化遗产政策执行的主体力量单一，社会参与度不够，总体上呈现出政府支撑下的"拖动前进式"模式。政策落实单纯只靠政府自身力量无法达到预期效果，不适应新时期非物质文化遗产产业发展的需求。

最后，政府直接将工业生产理念套用到非物质文化遗产产业政策当中。很多地方政府并没有真正了解非物质文化遗产产业与其他物质产业之间的区别，简单地把非物质文化遗产产业化视为一般类型的产业化加以推进，在所颁布的很多政策中都是直接套用工业生产理论。这种以纯利润为导向的指导方针，会给非物质文化遗产产业在具体实践中提供错误指导，对非物质文化遗产产业的长远健康发展带来严重危害。因此，为了保证非物质文化遗产产业朝着正确方向前进，亟须调整或纠正政策中所存在的偏差。

十、产业支撑服务体系不完善

产业支撑服务体系是衡量一个产业发展程度的关键指标之一，主要包括行业监管机制、物流服务体系及实现行业与外界进行联系与交流的中介平台等。当前中国非物质文化遗产产业支撑服务体系不完善，意味着非物质文化遗产产业还没有过渡到成熟阶段。

首先，非物质文化遗产行业监管机制不完善。行业监管是规范非物质文化遗产企业行为、保障产业市场环境安全的重要机制，主要包括相关法律法规、政府规则、行业监管协会及消费者协会等。当前我国非物质文化遗产产业在相关法律法规及政府规则上存在漏洞，导致一些非物质文化遗产企业从事违法经济活动，或打行业"擦边球"，严重危害非物质文化遗产产业市场环境安全。一些非物质文化遗产企业为了利益最大化展开恶性竞争或对非物质文化遗产资源进行破坏性开发，扰乱行业正常秩序。消费者协会不能很好地维护非物质文化遗产产品消费者的合法权益，致使侵权行为频频发生，非物质文化遗产消费者与非物质文化遗产企业之间的矛盾加剧。

其次，非物质文化遗产产品物流体系不健全。非物质文化遗产产品在销售出去之后，如何通过物流送到消费者手中也是非物质文化遗产企业应予以重视的问题。第一，非物质文化遗产企业没有自身的物流系统。大多数非物质文化遗产企业规模小，没有能力承担自设物流系统的成本，导致产品售后的储存与运输不在企业控制范围，出现商品损耗或丢失的情况，给产品售后服务带来巨大压力。第二，缺乏有效的第三方物流。当前与非物质文化遗产企业进行合作的第三方物流公司都是普通的物流企业，没有专门运送非物质文化遗产产品的经验，在储存与运输途中没有进行分类处理，导致商品损耗严重。同时，与第三方物流展开合作的非物质文化遗产企业必须支付高昂的委托代理费用，这无疑又提高了商品的运输成本。

最后，缺乏非物质文化遗产产业同外界进行联系与合作的中介。主要包括三个方面：第一，缺乏非物质文化遗产产业同政府部门的联系中介。非物质文化遗产产业与政府部门的联系中介主要负责向政府报告非物质文化遗产产业的实际发展情况，负责向非物质文化遗产企业下达政府的相关产业政策。当前缺乏有效地与政府进行联系的中介平台，导致政府制定的行业政策没能反映行业实际需求，甚至出现误区。第二，非物质文化遗产产业同其他产业的联系中介缺乏。当前非物质文化遗产产业还缺乏与其他产业进行交流的平台，使得非物质文化遗产产业不能与其他行业展开有效合作，出现非物质文化遗产产品开发深度不够、产品质量不高等一系列问题。第三，缺乏产业与消费者之间的联系中介。产业与消费者之间的联系中介负责向消费者提供非物质文化遗产企业与非物质文化遗产产品信息，并向非物质文化遗产企业提供消费者的反馈信息。当前缺乏一个有效地与消费者进行联系的中介平台，导致非物质文化遗产企业与非物质文化遗产消费者之间存在信息不对称的问题，以致非物质文化遗产产品无法完全满足消费者的实际消费需求，甚至一些不法企业利用非物质文化遗产企业与消费者之间的信息不对称来侵害消费者的合法权益，严重破坏了非物质文化遗产企业乃至非物质文化遗产产业的信誉。

第三节　中国非物质文化遗产产业发展的趋势

在新时代背景下，中国非物质文化遗产及其产业发展已呈现出以下几大趋势：抢救、保护、传承与利用协同发展，非物质文化遗产与现代产业融合发展，非物质文化遗产创造性转化与创新性发展，非物质文化遗产系统性资源化发展，非物质文化遗产数字化发展，非物质文化遗产多元赋能、跨界融合发展，非物质文化遗产与旅游开发相结合发展以及非物质文化遗产对外交流持续扩大。

一、抢救、保护、传承与利用协同发展的趋势

当前非物质文化遗产及其产业已经不再是抢救、保护、传承与利用各自为

政、各自为战地孤立发展，而是朝着彼此互为联系的协同发展方向迈进。这主要得益于以信息网络技术为核心的科技飞速发展，非物质文化遗产服务支撑机制的不断完善以及相关政策、法律及规章制度的保障。

首先，利用先进科学技术来实现非物质文化遗产抢救、保护、传承与利用的协同发展。非物质文化遗产智库与信息服务平台的不断完善为非物质文化遗产及其产业实践操作提供丰富的数据支持，同时，大数据、区块链等技术的不断发展又能及时筛选出有用信息，并与非物质文化遗产工作的实际情况进行配对，为工作人员提供重要参考标准。这使得非物质文化遗产工作人员在抢救非物质文化遗产资源过程中，把实际情况上传到非物质文化遗产数据平台，非物质文化遗产智库根据数据库信息，通过终端算法为非物质文化遗产资源提供一套行之有效的综合保护利用发展规划。同时，通信技术的发达使得设计规划可以被迅速传达到非物质文化遗产相关工作的各个部门，实现非物质文化遗产抢救、保护、传承与利用的协同发展。

其次，当地民众积极参与到非物质文化遗产抢救、保护、传承与开发的工作中来。以前，非物质文化遗产抢救、保护、传承与利用工作都是由官方机构工作人员来承担，在具体执行过程中每一个环节都有严格的程序，每一步工作都必须等上一步工作完成之后才能开展实施，严重影响了非物质文化遗产工作的效率。当前，非物质文化遗产官方机构在具体实践中一方面积极与当地民众进行沟通，引导本地居民加强对本土文化的重视，加大抢救力度；另一方面，根据当地居民的记忆及生活需求，对当地非物质文化遗产文化资源进行修复，同时鼓励居民保存当地文化、延续传统生活方式。而且在修复过程中，聘请当地掌握实际工艺技术的非物质文化遗产传承人，根据居民回忆进行修复，并联合传承人与专业文创企业进行创新性开发。

最后，结合现代性需求对非物质文化遗产进行抢救、保护、传承与利用。非物质文化遗产抢救、保护、传承与利用协同发展的另外一个表现就是根据现代人们的生活需求来开展具体工作。非物质文化遗产资源在上述过程中就实现了同现代文化的有效结合，实现非物质文化遗产产业开发与抢救、保护与传承的同步，从而降低了产业化成本。

二、非物质文化遗产与现代产业融合发展的趋势

伴随着文化产业快速发展及产业融合时代的到来，非物质文化遗产也出现了与现代产业融合发展的势头，主要表现在非物质文化遗产与"互联网+"产业相结合、非物质文化遗产与传统产业相结合以及非物质文化遗产与融媒体相结合三个方面。

（一）非物质文化遗产与"互联网+"产业相结合

"互联网+"这个行业词汇首先出现在 2015 年的《政府工作报告》中，它代表一种新经济形态，并经过近几年的发展得到全社会的认同。正是因为"互联网+"对于社会资源进行深入的优化配置，才使得互联网创新成果融于文化、经济、社会各个领域之中，提升全社会的创新力和生产力。时至今日，无论是非物质文化遗产的保护与传承，还是非物质文化遗产产业开发都与"互联网+"相融合发展。

一方面，利用互联网技术进行非物质文化遗产保护与传承。网络的传播、储存与采集技术为非物质文化遗产的保护与传承提供了技术支持，技术人员将非物质文化遗产项目资料及手艺教学资料上传到网络中，运用信息技术对非物质文化遗产项目的文化内涵进行网络二次呈现，既实现了对传统"博物馆模式"的延伸，又打破了传承人"口授式"传承模式的缺陷，可以达到传承人口传所不能及的效果。

另一方面，利用"互联网＋"来进行非物质文化遗产产品经营与销售。第一，打造网上商城。将可供销售的非物质文化遗产产品放入网络商城进行分类销售，无法直接销售的则利用互联网机制进行文化 IP(Intellectual Property，知识产权)开发。第二，开通网络支付渠道。开启网络支付渠道，消费者通过扫描二维码即可完成非物质文化遗产产品的购买支付工作。第三，进行网络宣传拍卖。借助网络平台，宣传推介有潜力的非物质文化遗产项目传承人，通过拍摄宣传片、照片、视频等方式，不仅对产品进行网络宣传，还可以以拍卖的方式销售宣传展示的作品，达到宣传与销售的双重效果。

（二）非物质文化遗产与传统产业相结合

传统产业与人们生活息息相关，是人们生活必不可少的组成部分，因此，非物质文化遗产与传统产业相结合既可以增强传统产业活力，又可以使非物质文化遗产更好地渗透进人们的日常生活当中。

首先，非物质文化遗产为传统产业产品注入文化内涵。非物质文化遗产与传统产业的结合最普遍的做法就是将自身的文化内涵移植到传统产品的有形实体上，为传统产业产品注入非物质文化遗产精神文化价值，增加传统产业产品的文化附加值。例如，一些服装企业购买非物质文化遗产元素的使用权或是销售分成，设计制作含有非物质文化遗产Logo或款式的服装，以此来提升服装的价值与品位，带动服装销售量，同时又能起到宣传普及非物质文化遗产的作用。

其次，非物质文化遗产成为传统产业链的一部分。与进行文化授权不同的是，这种合作方式是非物质文化遗产与传统产业的一种深度有机融合。例如，在家装行业中，运用适合的非物质文化遗产传统手工艺进行装修装饰，将非物质文化遗产深入渗透到现代人们的日常生活当中。

最后，非物质文化遗产同传统产业结合开发文化衍生品。前面两种结合方式说到底是以传统产业为核心，而且主要利益获益方是传统产业，非物质文化遗产更多充当的是辅助传统产业发展的角色。非物质文化遗产同传统产业结合开发文化衍生品是以非物质文化遗产自身为核心，重点是突出非物质文化遗产自身文化内涵，是以满足消费者精神文化需求为宗旨的。例如，故宫同美妆企业进行合作推出的故宫口红就是一个典型案例，产品的核心并非突出口红的使用价值，而是在于为故宫所蕴含的传统文化价值找到一个恰当的实物载体，以此来实现文化的价值变现。

（三）非物质文化遗产与融媒体相结合

传播媒介在非物质文化遗产传承与非物质文化遗产产品宣传中充当着非常重要的角色，其传播效果与传播范围极大影响了非物质文化遗产传承的效率与非物质文化遗产产品的市场份额。当前传媒业早已经不是各种传播媒介相互孤立的发展状态，信息技术的发展、新媒体的出现以及传统媒体的自救都迫使传媒业朝着融媒体的方向发展。因此，非物质文化遗产为了更好地实现传承与产品宣传，同融媒体相结合就势在必行。

一方面，利用融媒体终端来传播非物质文化遗产文化，进行产品宣传。当前很多非物质文化遗产项目及企业都利用融媒体传播范围广、传播速度快、传播效果好的特性，将非物质文化遗产及其产品信息以教学资料、文化纪录片、短视频等形式放在融媒体终端上，通过推送传达到受众所使用的媒介客户端，以此来达到传播效果。

另一方面，非物质文化遗产与融媒体展开合作，共同开发非物质文化遗产传统文化 IP。利用融媒体终端来进行非物质文化遗产及其产品宣传与传播只是将融媒体简单当作一种传播媒介，是非物质文化遗产与融媒体最浅层的一种结合。非物质文化遗产与融媒体展开合作共同开发文化 IP 产品，可以说是各自发挥自身长处的一种深层融合，是实现非物质文化遗产创造性转化与创新性发展的一次有益实践。

通过合作开发出非物质文化遗产 IP，出版社在此基础上推出小说等文学作品，影视公司或视频网站将其翻拍成电影或电视剧，游戏企业将其制作成游戏产品等。这不仅有效传播了非物质文化遗产，同时还实现了非物质文化遗产资源的现代性"活化"，创造了丰厚的经济利润。

三、非物质文化遗产创造性转化与创新性发展的趋势

网络信息技术的发展、生活观念的转变滋生了人们与以往传统不同的消费需求，非物质文化遗产产业要适应全新消费需求就必须在创新上下功夫。当前非物质文化遗产产业通过将非物质文化遗产与现代时尚设计进行融合、将非物质文化遗产与现代文化及生活理念进行融合、探索新的非物质文化遗产产业化模式以及将非物质文化遗产与创意产业结合进行产品转化这四个方面来实现非物质文化遗产创造性转化与创新性发展。

（一）非物质文化遗产与现代时尚设计融合创新发展

设计是实现非物质文化遗产创造性转化与创新性发展的关键一环，优秀的设计不仅能恰当保留并突出非物质文化遗产与传统文化的精华，更能对其进行现代性改造使其焕发新的生机与活力，同时，还能为设计理念寻求到一个合适的物质载体，使非物质文化遗产产品既能保留传统文化底蕴，又符合现代人们的生活品位。因此，很多非物质文化遗产企业都十分注重将非物质文化遗产与现代时尚设计进行融合创新发展。例如，在艺术领域，很多非物质文化遗产企业将非物质文化遗产文化改编成现代影视戏剧；在商业领域，非物质文化遗产企业将传统习俗与现代时尚进行对接，如将传统刺绣工艺运用到现代服装行业中，通过现代设计引起新一轮的高端时尚潮流等。可以看出，通过现代时尚设计可以实现非物质文化遗产文化内涵与表现形态上的创造与创新。

（二）非物质文化遗产与现代文化及生活理念融合发展

要实现非物质文化遗产创造性转化与创新性发展，最关键的还是要让非物质文化遗产本身成为现代生活中的一个必要组成部分。要让非物质文化遗产得到现代消费者认可就需要将非物质文化遗产与现代文化及生活理念进行融合，即文化内涵上的创新。如何在适应现代文化潮流与保持传统特征上相融合就成为非物质文化遗产企业首先要处理的矛盾。

随着生活节奏的加快，现代人尤其是年轻人更偏爱形式简洁、方便快捷的产品，一时间，崇尚简约成为人们的潮流之一。例如，在汉服的设计与制作上，非物质文化遗产企业去除了古代服装厚重繁缛的工艺装饰；在材料选用上，选择质量更为轻薄服帖的丝质品；在造型款式上，简单大方又不失古朴典雅，既让人体验到汉服所带来的传统文化韵味，又不让现代消费者倍感突兀，这成为非物质文化遗产与现代生活理念融合的成功案例之一。

（三）探索新的非物质文化遗产产业化模式

除了与现代设计进行融合、在非物质文化遗产产品中植入现代文化与生活理念，探索新的非物质文化遗产产业化模式同样也是实现非物质文化遗产创造性转化与创新性发展的一条重要途径。文化和旅游部 2018 年 6 月印发了，《关于大力振兴贫困地区传统工艺助力精准扶贫的通知》，2018 年 7 月，文化和旅游部、国务院发布了《关于支持设立非遗扶贫就业工坊的通知》，积极促进了国内广泛开启"非物质文化遗产＋扶贫"的各种探索模式。其中"非物质文化遗产＋时尚＋电商＋扶贫"是当前最为突出的一种产业化新模式。

有很多非物质文化遗产项目存在于贫困落后的山区，激活这些产品的市场活力是文旅扶贫的重要抓手之一。当前有很多地区开始注重扶持本地非物质文化遗产产业发展，很多地方政府出台政策，与经济发达地区的文化企业展开合作，由经济发达地区企业提供规划与设计思路，将贫困地区非物质文化遗产文化资源进行现代时尚化改造与设计，非物质文化遗产资源所属地办厂，吸引当地外出劳动力回乡从事非物质文化遗产产品生产，按照文化企业提供的规划与设计思路制作非物质文化遗产产品，然后将非物质文化遗产产品通过网络商店进行宣传与销售，利用网络信息技术与物流系统完成产品售卖与运输，甚至售后服务。这既使得非物质文化遗产文化资源得到有效"活化"，又使得贫困地区的非物质文化遗产资源能带动当地经济发展，可谓一举多得。

（四）非物质文化遗产与创意产业结合进行产品转化

将非物质文化遗产与创意产业结合进行产品转化是未来非物质文化遗产产业发展的必然趋势之一，创意产业可以说是非物质文化遗产产业化开发与创新型发展的主体。创意产业拥有进行非物质文化遗产资源开发、创新设计、生产经营、产品销售等专业的人才队伍以及细致完善的产业化分工，能够准确把握现代市场需求，利用先进技术及设备对非物质文化遗产资源进行开发、对非物质文化遗产产品进行转化。不仅能提高非物质文化遗产产品转化效率，而且还能缩减非物质文化遗产产品转化成本，更重要的是能够准确把握非物质文化遗产产品转化方向，防止转化偏差而造成的社会资源浪费及对非物质文化遗产文化资源的破坏。

四、非物质文化遗产的数字化发展趋势

数字化技术随着互联网技术的发展而日趋成熟，它是将数据挖掘、文本分析、数字化、可视化等现代信息技术融入非物质文化遗产保护传承与产业开发中。相较于国外，中国的非物质文化遗产数字化发展处于起步阶段，在未来有非常大的发展潜力。

（一）非物质文化遗产资源的数字化

非物质文化遗产资源数字化是指将非物质文化遗产中的游艺竞技、文学艺术、神话传说、音乐舞蹈、风俗庆典、民间信仰、医药等传统文化资源，以文字、图像、语音等可视化手段综合记录，呈现非物质文化遗产项目的历史、现状，并追踪其发展情况。数字化技术能将易受破坏的有形非物质文化遗产资源转化成数字格式，保存时间更为持久，保存载体轻便且易于移动，方便共享。同时，数字化技术能抽取非物质文化遗产项目中的文化特征形成关键词库，进而构建非物质文化遗产数据库与信息资源库，能够通过相应的数字平台进行信息检索。

（二）非物质文化遗产资源的数字化整合与共享

资源整合与共享是非物质文化遗产资源数字化的核心与最终目的。目前，我国已经建立了国家、省、市、区（县）四级文化遗产名录，各机构、各部门均已开展不同层次的采集、整理、挖掘、数字化保护，构建起了基于文字、图像、声音、视频的数字资源。各机构、各部门需要建立统一的数字化标准，

实现各数据库之间的数据对接，以进行非物质文化遗产资源的深度整合与挖掘。

非物质文化遗产资源的数字化整合与共享除了对非物质文化遗产资源进行数据化采集、经营与管理，更重要的是将整合好的非物质文化遗产资源数据信息进行发表与出版，这样才能真正实现非物质文化遗产资源数据化的价值。伴随数字化技术的迅猛发展，非物质文化遗产资源数字化复合出版是在得到有效整合条件下实现非物质文化遗产资源共享的一条有效途径。非物质文化遗产资源数字化复合出版是非物质文化遗产文化内容的全媒体出版，包括对非物质文化遗产文化内容用多种符号表达、用多种媒体复合表达、用多种传播载体复合表达、用多种传媒形态复合表达、用多种显示终端和制作技术复合表达等多个方面。

五、非物质文化遗产的多元赋能、跨界融合发展趋势

在对中华传统文化进行创造性转化与创新性发展的"双创"理念的指导下，中国非物质文化遗产保护与开发的形态出现了一系列新的变化，多种跨界融合的新兴模式不断涌现，其中包括非物质文化遗产与科技融合、社会资本的跨界投入、非物质文化遗产与文旅融合、在国家政策指导下非物质文化遗产与其他领域的融合这四个方面。

（一）非物质文化遗产与科技融合

科技是第一生产力，是实现创新的重要手段。借助现代高科技手段开发和

创新非物质文化遗产产品，既有利于促进非物质文化遗产产品形态的现代转换，使其重获新生，又可以满足当代消费者求新、求异、求乐、求知的心理需求。当前，以人工智能、区块链、大数据、云计算、融媒体、"互联网＋"等为代表的新兴技术快速发展，为非物质文化遗产的保护与开发提供了重要的现代科技支撑。同时，除了技术支撑外，现代科学哲学概念本身也成为一种现代性文化题材。在产业化开发中，很多企业与组织将非物质文化遗产传统文化与现代科技文化进行结合，从而实现文化内涵上的创新。

非物质文化遗产与科技的融合旨在提升非物质文化遗产产品的科技含量来加大其文化价值与经济价值，增强其市场吸引力与竞争力。在具体操作上，通过创意与现代科技对传统工艺进行改造和创新，将传统手工生产方式同现代机器生产方式进行结合，依托多样性的非物质文化遗产资源开发提供多元化的文化产品与服务，并赋予产品新的内涵与价值，实现产品形态、功能、品种上的持续更新。

（二）社会资本的跨界投入

经过多年发展，非物质文化遗产文创产业所迸发的经济增长潜力开始对其他领域的社会资本产生巨大吸引力。文化金融市场的逐渐完善，也使得社会资本跨界投资非物质文化遗产产业成为可能，在形式上主要分为直接投资和间接投资。

直接投资是指其他领域投资者或投资企业与组织直接将资金投入非物质文化遗产项目，或者直接投资开办或合办非物质文化遗产文化企业。通过直接投资，其他领域投资者获得非物质文化遗产文创企业全部或一定数量的企业资产及经营所有权，具体包括对非物质文化遗产产业现金、厂房、机械设备、交通工具、通信、土地或土地使用权等有形资产的投资和对专利、商标、咨询服务等无形资产的投资。这种投资方式使其他行业直接参与到非物质文化遗产开发运营中来，有利于加强非物质文化遗产产业同其他产业的联系与融合。

间接投资是指其他领域投资者或投资企业与组织购买非物质文化遗产企业所发行的公司债券、金融债券或股票等文化金融产品，预期获取一定收益的投资。该投资方式是其他领域投资者或投资企业与组织只对非物质文化遗产产业提供资金支撑，并不参与到非物质文化遗产产业开发与产品运营活动中来，因此灵活性较强，有利于维护非物质文化遗产产业的秩序，避免出现因其他行业缺乏非物质文化遗产开发经验而引起行业混乱。

（三）非物质文化遗产与文旅融合

文化旅游是一种新型旅游模式，人们不仅想通过旅游放松心情、愉悦身心，更注重对历史文化、宗教习俗的探索，重点是通过"参观＋体验"的模式，全方位体验非物质文化遗产的文化内涵，并让游客能够全身心地感受非物质文化遗产，营造一种身临其境之感，以实现寓教于乐的目的。在实践中，很多旅行社联合当地非物质文化遗产机构推出以某一非物质文化遗产文化或工艺为主题的文旅产品，按照非物质文化遗产的起源发展路线来精心设计旅行线路，把原本分散在各地的非物质文化遗产资源进行有效整合，既完整传播了非物质文化遗产文化，又能形成聚合联动效应，有效带动非物质文化遗产资源所属地区的经济发展。

（四）国家政策导向下非物质文化遗产与其他领域的融合发展

在非物质文化遗产与其他领域的融合发展中，国家政策起着至关重要的作用。相较于其他领域，非物质文化遗产有其自身的独有属性，其传承、保护、开发与利用都有一套自成体系的独立规则与标准。如果不遵循非物质文化遗产自身标准规则而与其他领域盲目融合，不仅不利于非物质文化遗产本身的可持续发展，甚至还会对非物质文化遗产资源带来无法挽回的破坏，因此需要一个科学、权威的政策导向指引，而国家政策为非物质文化遗产与其他社会领域进行融合承担指导作用。纵观当前非物质文化遗产与其他领域的融合基本上是按照国家政策的导向实施的。如今，非物质文化遗产的数字化发展也进行得如火如荼。由此可以预见，在未来非物质文化遗产与社会其他领域的融合发展中，国家政策导向将会起到不可替代的作用。

六、非物质文化遗产与旅游相结合的发展趋势

在非物质文化遗产文化传播与产业化开发过程中，直接让消费者身临其境感受非物质文化遗产文化、消费非物质文化遗产产品与服务，无疑要比通过其他媒介以及购买间接性商品会取得更有效的文化传播效果和文化消费需求的满足。在众多消费模式中，旅游这种亲身实践的消费方式能完美契合体验型消费的要求。通过旅游开发，非物质文化遗产不仅能得到更有效的保护与传播，还创造了巨大的经济价值。

当前，非物质文化遗产的旅游开发紧紧围绕非物质文化遗产资源原生形态，呈现出纵深化、多样化的发展趋势，已发展出博物馆模式、主题公园模式、节庆模式、舞台化表演模式、生态保护区开发模式、民俗村模式、旅游商品开发模式、体验式展销模式、非物质文化遗产街模式和文化综合体模式等十种主要的非物质文化遗产旅游消费模式。

（一）博物馆模式

在文化旅游产业发展的推动下，全国逐渐兴起了博物馆旅游热潮。博物馆旅游有着非常广阔的发展前景。首先，国家相继推出扶持政策，为博物馆旅游创造良好的环境氛围。国家相关部门先后出台了《关于全国博物馆、纪念馆免费开放的通知》（中宣部、财政部、文化部、国家文物局 2010 年发布）《关于推进文化创意和设计服务与相关产业融合发展的若干意见》（2014 年国务院印发）《博物馆条例》（2015 年国务院发布）《关于进一步加强文物工作的指导意见》《关于推动文化文物单位文化创意产品开发的若干意见》（2016 年国务院发布）《国家文物事业发展"十三五"规划》（2017 年国家文物局印发）等，为博物馆免费对外开放、支持民间私人博物馆发展、加快文化创意产品开发设计、更好发挥非物质文化遗产在旅游扶贫当中的价值和作用等提供了方向指导。其次，博物馆数量和类型增加，为市场提供坚实的载体基础。据国家文物局发布的最新数据显示，截至 2022 年底中国共有博物馆 6565 家，排名世界前列。类型方面，除普通的历史、综合、艺术、自然博物馆外，还有生态、数字综合、社区博物馆等各种类型。最后，科技的更新换代，为博物馆旅游体验化、互动化提供了支撑。互联网信息技术、数字技术、虚拟现实技术、人工智能技术广泛运用到博物馆中，提升了博物馆藏品的陈设质量与展示水平，同时，博物馆推出微信、微博、短视频、App 等众多交互媒体平台，并根据展览设计相应的文化衍生品，使博物馆从传统的说教式展陈向多样化、复合型、互动式的展陈方式转型，提高观众的旅游体验质量。

（二）主题公园模式

非物质文化遗产主题公园是将某一非物质文化遗产文化主题同休闲娱乐与旅游景点进行结合，具体是将某一地区的非物质文化遗产资源或多个地区的非物质文化遗产资源进行整合，集中包装、提炼，采用人造景观开发方式进行场景再现，从而建造的一种具有创意性游园线索和策划性活动方式的现代旅游形态。它可以更好地满足游客多样化的休闲娱乐需求，将非物质文化遗产文化传播、非物质文化遗产产品及服务销售与旅游休闲娱乐有效结合，是以非物质文化遗产文化资源为核心重新建造的一个文化旅游景点，具有成为现代新文化指标的潜力。主题公园在我国仍属于新生事物，有很大发展潜力。在未来发展中，非物质文化遗产与主题公园的结合可以有效解决主题公园质量不理想与特性缺乏的问题。

（三）节庆模式

节庆是在相应日期内，以特定主题庆祝，形成习俗，代代相传的一种社会活动。与主题公园靠景点吸引游客所不同的是，节庆更强调游客的参与感，更加注重通过游客亲身体验节庆活动来满足自身休闲娱乐需求。因此，节庆模式更强调游客对当地文化特色的体验与参与，更突出地域特色，而不仅仅是观光。可以看出节庆旅游与非物质文化遗产有着很高的匹配度。

近几年，国内节庆旅游逐渐成为旅游消费热点，很多地区也相继开发出非物质文化遗产节庆旅游产品并形成产业链。如蒙古族的"那达慕"大会、白族和彝族的"火把节"等，其本意并非为了发展旅游业，故不会长年存在，但在节庆期间会吸引大量的游客。

（四）舞台化表演模式

舞台化表演模式与节庆模式同属于短期表现模式的非物质文化遗产旅游产品。与节庆模式不同的是，游客是通过在台下观看专业演员在舞台上的表演来感知文化而非实际亲身参与。在众多非物质文化遗产文化资源中，戏剧、舞蹈及文学作品是重要组成部分，而这部分非物质文化遗产文化资源以舞台表演来呈现才能如实还原。

与其他旅游模式不同，舞台化表演模式注重满足的是观众的感官需求，观众通过视觉、听觉等感觉器官来了解非物质文化遗产传统文化。同时在现代科技的加持下，舞台表演更是把感官效应放大，观众可以最大限度地满足自身对非物质文化遗产文化的精神消费需求。值得一提的是，舞台表演的完成，需要编剧、导演、演员等各方的协作，因此在对非物质文化遗产文化资源进行开发的过程中，编剧、导演与演员都有机会加入自己的主观见解对其进行改造，有利于非物质文化遗产文化创新及实现传统文化与现代文化的融合对接。

（五）原生态保护区开发模式

原生态保护区是在非物质文化遗产传统文化资源相对丰富与集中的地域中选择一个最为典型、交通也比较便捷的村落或遗址对游客进行开放，以当地人民的自然生活和当地的自然形态为旅游内容，除对交通等必要的基础设施进行建设外，几乎不进行人工改造。其特征是让游客能够感受到最原生态、最朴实的非物质文化遗产传统文化。近几年，城市生活压力增大，使得人们对暂时逃离喧闹的城市、感受宁静惬意的乡村田园生活的消费需求增加。在这种需求推动下，国内相继建立了一批文化生态保护区，如云南省贡山县西部独龙族传统文化保护区、内蒙古阿鲁科尔沁旗蒙古族文化生态保护区等。

（六）民俗村模式

民俗村是以民俗文化为中心和卖点来打造的一种乡村旅游模式。随着我国居民收入水平的提升以及乡村振兴战略实施，乡村旅游得到蓬勃发展。乡村旅游是以旅游度假为宗旨，以乡村的自然风光、人文景观、农业资源和乡村礼仪风俗、乡村风情等资源为吸引力的旅游形式。民俗文化作为非物质文化遗产文化的重要组成部分，是民族传统文化的载体。民俗文化维系着民族情感，有着极大的感染力和影响力。从旅游文化的角度来说，民俗文化具有奇特性和区域性，因而能够成为旅游资源的重要组成部分。

中国非物质文化遗产文化资源很多都是出自乡村民巷，相较于华丽宏伟的宫廷文化，民俗文化更具亲和力，是普通老百姓可以实际接触参与的文化。游客在旅行途中不仅能放松身心、舒缓压力，还能感受到近在咫尺的民俗文化，既有利于文化传播又能带动当地经济发展。

（七）旅游商品开发模式

旅游商品是旅游目的地向旅游者提供的富有特色且具有纪念性、艺术性、实用性的物质产品。非物质文化遗产旅游商品直接把非物质文化遗产承载于有形实体产品当中，消费者通过购买商品来满足自身精神文化及娱乐需求。旅游商品是非物质文化遗产旅游产业链延伸的产物，能够提高非物质文化遗产旅游产业的附加值。

（八）体验式展销模式

消费者旅游消费无论是感受当地非物质文化遗产文化还是休闲娱乐，重点还是在于体验。所谓体验式展销，是指以某种非物质文化遗产为背景，在一个空间场所中，通过体验空间设计或展品如实反映非物质文化遗产文化，借助现代化科技实现非物质文化遗产旅游产品与消费者互动，并营造一种使消费者能"身临其境"的旅游消费模式。体验式展销能够同时满足消费者休闲娱乐的需要、传播当地非物质文化遗产文化以及推动旅游产品销售。

（九）非物质文化遗产街模式

非物质文化遗产街是以具有悠久历史文化价值的古街为基础，对其进行旅游开发，突出其中的文化历史价值。与民俗村等其他旅游消费模式所不同，非物质文化遗产街往往不是存在于一个相对孤立或隔绝的空间中，而是与现代生活空间共存，这意味着游客在旅游过程中可以在非物质文化遗产传统文化与现代生活文化之间随时切换。同时，这种共存方式也能加速非物质文化遗产街传统文化与现代都市文化的融合，因此在非物质文化遗产街中的旅行消费模式更具有现代生活快节奏与便捷性等特征。

（十）文化综合体模式

从规划咨询角度看，文化综合体是以文化为导向的区域综合开发，是指基于一定的文化资源与土地基础，以文化体验、文化产业、文化旅游为导向进行土地综合开发而形成的，以互动发展的文化消费聚落、文化创意园区、文化产业园区、文化创意地产开发区为核心功能构架，整体服务品质较高的文化产业聚集区。

文化综合体旅游规划从土地的优化利用，过渡到商业模式的突破，再深入到项目产品的设计创新上。总体上，当前及以后的旅游规划逐渐向"土地价值的优化利用、商业模式的综合创新、项目产品的创新设计、主题意境的构筑营造"的方向发展，但更加注重的是以游客体验为核心的意境塑造，实现非物质文化遗产文化产业、旅游产业、新城建设三者的有机融合。

七、非物质文化遗产对外交流持续扩大的发展趋势

在全球化推动下，世界各国联系日益紧密，国际文化贸易的持续繁荣发展也使得非物质文化遗产对外交流持续扩大。中华民族要树立真正的文化自信，不仅要对自己的文化形成认同感，更要让世界其他国家了解与认同中国文化。近几年，习近平总书记所提出的"推动中华文化走出去""一带一路"和"构

建人类命运共同体"等思想都表明政府鼓励中华文化积极参与对外交流活动，中华文化产品要积极参与国际竞争。

非物质文化遗产是中国文化的根脉，是最能体现并代表中国特色的文化，因此它是中国文化在国际竞争中真正的核心竞争力所在。同时，在对外交流中，中国非物质文化遗产文化与其他国家文化并非一种非此即彼、一争长短的关系，而是一种取长补短、和谐共荣的关系。

在实践中，中国对国外文化企业也一直秉持一种欢迎态度，国内非物质文化遗产项目和文创企业同国外文创企业进行合作，共同对中国非物质文化遗产文化资源进行加工和改造，开发出质量高、有新意、符合当代主流价值观的文化佳作。例如，中国非物质文化遗产项目与好莱坞电影行业的合作日益紧密与频繁，拍摄出《功夫熊猫》《花木兰》《卧虎藏龙》等许多具有中国非物质文化遗产文化元素的影视作品，受到全球的广泛好评。

第三章 非物质文化遗产产业化发展路径

近年来，中国非物质文化遗产产业的蓬勃发展吸引了社会各界的目光，得益于全国非物质文化遗产资源的无比丰富、得益于人民物质和精神层面消费需求的巨大增长、得益于国家和地方政府政策方面的鼓励和扶持，更得益于全国千万非物质文化遗产产业从业者的辛勤努力和持之以恒。

第一节 非物质文化遗产产业发展平台化运营

一、平台化运营的主要特点

（一）注重"公信力"打造，保障实现平台化运营目标

平台化运营的最大价值即是平台"公信力"的打造，缺乏"公信力"的平台很难实现成功运营的目标。在艺术品市场交易过程中，平台的最大功能是利用建立在"公开、公平、公正"这三大基本原则之上的公信力，整合资源，管控风险，信息透明共享，降低交易成本。非物质文化遗产产业平台化运营的核心就是要严格遵循"三公"原则。围绕非物质文化遗产产业平台化运营模式的灵活性和多样性，有效依托具有金融资质的文交所交易平台或专业化的非物质

文化遗产电商平台，可以将原来只局限在线下实体交易的非物质文化遗产产品叠加上"互联网""文交所"和"电商"的形式，构建出全新的综合性互联网电子化交易平台，从而极大地促进非物质文化遗产产业平台化运营和发展。非物质文化遗产产业平台化运营机制可以聚集大量非物质文化遗产资源、非物质文化遗产产品、产权交易信息，尤其是还可以在此基础上推出非物质文化遗产系列产品投资或消费指数，便于消费者、投资者客观理性地参考和选择，降低了文化艺术消费者和投资者的参与风险。非物质文化遗产产业平台化运营将借助"互联网"科技优势，全方位地推广与传播非物质文化遗产项目及传承人，深度整合非物质文化遗产产业资源，为非物质文化遗产产业的生产和消费市场两端提供专业化服务，使生产者和消费者都能感受到"省时、省力、省心、省钱"的非物质文化遗产产品交易体验，从而实现非物质文化遗产产业平台化运营"运行高效、方便快捷、功能齐全、经济实用"的基本目标。

（二）社交性功能需求增强，分销激励机制日益完善

随着互联网技术的不断更新和平台化运营模式的创新发展，平台的社交性功能需求日益增强，层级分销功能也日趋完善。所谓平台的社交性功能主要体现在以下几个方面：一是平台的开放性，平台化运营越开放、环境界面越友好、亲和力越强，平台的吸引力就越大，也就越容易以平台为中心培育形成会员生态链和消费生态圈，不断扩大平台的会员规模和持续消费能力，而且使得平台的对外延展性和对内聚合力不断提升，会员和交易规模持续增长。二是平台的社交性，这也是平台化运营的功能需求和重要特点，不论是平台客服与会员之

间的实时沟通，还是会员之间的互动交流，都因平台化系统和移动互联网的技术进步变得功能日益强大而且十分高效，既能够为会员提供及时便利的线上线下服务，也能够为平台的运营提供来自客户真实高效的信息和数据，因此大大提升了平台的用户体验感和消费聚合力。三是平台化运营模式中越来越多地结合了层级分销激励机制，这是近几年来平台化运营模式最大的创新点，正是结合了分销激励机制，使得基于平台中心化的销售体系能够更好地实现自身的不断裂变，而且因为分销层级不超过三级的限制有效地保证了平台运营的合法性，也因此使平台化运营的互动开放性和分销激励机制有效地叠加在一起，从而产生了非常强大的内生动力和自我繁殖能力，不论是在平台会员传播发展方面，还是在平台消费需求和消费能力方面，都有了持续爆发式的增长，平台也就出现了前所未有的高速发展。

（三）平台化运营有利于吸引社会资本进入，助力产业发展

目前我国非物质文化遗产资源的开发和非物质文化遗产产业的发展并不充分，究其原因主要在于企业少、规模小、产业基础薄弱，加之运营模式的局限性和产业信息的封闭性，致使难以运用常规的商业和产业化力量推动非物质文化遗产产业深入发展。近几年非物质文化遗产产业平台化运营模式的出现带来了转机，不仅优化了社会资源、实现了共享，而且有效提升了市场资源配置效率。一方面，进一步发掘非物质文化遗产发展过程中的投资需求。另一方面，不断建构非物质文化遗产资源的价值发现平台、提升价值发现能力。在这种情况下，除了利用文化产业专项扶持资金和产业发展基金，还可以有效吸引众多社会资

本的关注和涌入。随着众多社会资本不断进入非物质文化遗产产业，有效促进了非物质文化遗产产业的集群化、规模化发展，同时也助推了非物质文化遗产产业龙头企业的快速成长。"小罐茶"品牌的成功打造，可以说是社会资本进入非物质文化遗产产业的成功案例，其重要意义不仅在于有效发掘了我国源远流长的茶文化资源，更在于利用现代工业化手段和文化创意理念对茶叶传统生产流程、工艺和包装进行了卓有成效的改良，大大提升了生产效率，取得了非常好的经济效益，也为更多社会资本进入非物质文化遗产产业、助推非物质文化遗产企业发展提供了很好的经验和借鉴。

（四）依托互联网大数据支撑，平台数字化特征日趋明显

随着"大数据"时代的到来，以数字化为特征的数据信息已经全面渗透到文化产业及其市场职能的各个领域，目前我国的非物质文化遗产产业亦是如此。我国经济的快速发展催生了文化艺术市场的活跃，其中非物质文化遗产产业的发展壮大可以说是异军突起，尤其是近年来互联网科技和移动电商的快速发展无疑为非物质文化遗产产业插上了腾飞的翅膀，非物质文化遗产产业的相关"大数据"和"数字化"信息已成为非常重要的生产要素之一。非物质文化遗产产业平台化、运营数字化特征的另一个重要体现便是为客户"画像"的功能，由于客户在平台上的所有使用操作和消费行为都会被平台抓取到有效的数据，而且信息量十分庞大，据此平台就可以为每一位客户进行数字化"画像"，锁定客户的消费习惯和潜在需求，也让客户在平台消费的舒适性和体验感大大增强。因此，非物质文化遗产产业平台化运营自然需要统筹构建非物质文化遗产产业

发展数据支撑平台，实现非物质文化遗产产业市场中各类细分信息数据的及时更新与反馈，为政府、企业、非物质文化遗产传承人、投资机构、研究机构以及非物质文化遗产消费者的决策提供海量的数据支撑，实现非物质文化遗产产业的数据动态展示、动态信息提示，非物质文化遗产产业管理数据的搜索、提取、加工、分析、呈现等众多数据服务功能。

二、平台化运营存在的问题和发展趋势

（一）平台化运营目前存在的问题

1.平台化运营的创新模式相对单一

近几年来，随着我国对非物质文化遗产保护传承的重视和非物质文化遗产产业的快速发展，非物质文化遗产产业平台化运营模式在不断创新和发展，运营规模也在不断扩大。但是从总体上来说，平台化运营模式的创新能力显得有些不足，不论是外在形式上还是实质内容上，创新方式和运营模式也都相对比较单一，而且不只是表现在平台化运营模式的创新上，还表现在其过分单一的功能取向上。我们不妨简单回顾一下前几年我国非物质文化遗产产业的发展和变化，非物质文化遗产市场交易和运营服务平台的创新和发展过分看重和依赖非物质文化遗产电子商务平台的线上部分，而忽略了线下的展示体验和营销推广。一方面，过度偏重非物质文化遗产传承人产品和传统非物质文化遗产产品的电子化交易，导致非物质文化遗产传承人产品在市场上的有效需求不足，非物质文化遗产电子化交易则容易导致非物质文化遗产挂牌产品的虚假交易和暴

涨暴跌，甚至由于自律不够和监管的缺失导致违规现象时有发生。另一方面，则严重忽视了对非物质文化遗产跨界产品和非物质文化遗产文创类产品的系统化开发和市场化推广，从而使非物质文化遗产产业平台化运营的创新模式和发展方向出现了明显的偏差，走入了一个相对比较片面的误区。

2. 平台化运营的综合化服务功能缺失

如果对前些年我国非物质文化遗产产业发展平台化运营模式的创新历程进行一下梳理，就很容易发现一个无法回避的问题，那就是运营平台综合化服务功能尚存缺失。由于非物质文化遗产资源及其产品的特殊性，自然就需要更多地、因地制宜地不断开发和创新非物质文化遗产交易运营平台的综合性服务功能。例如，除了最基本的静态展示和交易结算功能，还需要在交易的效率、结算的便利、物流的快捷以及配套的金融服务等方面提供更多的综合性服务，尤其是非物质文化遗产产品展示的动态化、立体化和艺术性，将会给非物质文化遗产消费者带来极大的感官刺激和强烈的视觉冲击，从而对非物质文化遗产产品有了全新的视觉体验和消费冲动。而当前非物质文化遗产平台化交易运营模式的创新更多的还是围绕着标准化、批量化和形式化的传统型电子商务模式，而作为创新型交易运营平台的综合化服务功能尚未得到体现，因此也就无法发挥出平台化交易运营模式应有的市场价值和引领作用。

3. 平台化运营的融合化和创新性有待加强

当前阶段之所以说我国非物质文化遗产平台化运营的融合化和创新性有待加强，并非因其没有融合发展和创新性发展，而是因为其融合化和创新性发展远远不能满足非物质文化遗产市场日益增长的巨大消费需求，远远未能将我国丰富的非物质文化遗产文化资源与现阶段的文化市场、艺术设计、时尚生活、传播环境等其他文化资源进行有序的融合创新，也远远未能与科技、旅游等跨界资源进行有效的融合利用。

（二）平台化运营的发展趋势

1.平台化运营向规模化、集约化、专业化方向发展

企业规模化发展是为了做大，集约化发展是为了做强，而实现专业化发展则意味着非物质文化遗产文化产业在做大做强的同时还要做优，这就需要非物质文化遗产文化企业深耕某一领域，重点发展独具特色的非物质文化遗产产业。如今从世界范围来看，追求技术上的领先和专业化发展是文化企业发展壮大的内生动力。就非物质文化遗产产业而言，真正具备竞争力的特色非物质文化遗产文化产业和非物质文化遗产文化企业并不多见，大都缺少文化创意，习惯盲目跟风，产品品质低劣、同质化严重，经营管理专业化程度较低。要想实现非物质文化遗产企业的专业化发展，一是要因地制宜找准特色定位，深度挖掘文化内涵，吸收中华优秀传统文化元素，积极打造一批具有浓厚地域特色的文化品牌。二是要重视人才、重视科技、重视创新，鼓励以知识产权、技术要素、管理价值等入股非物质文化遗产文化企业。

2.平台化运营模式向多元化、融合化方向发展

随着互联网科技日新月异的快速发展，我国非物质文化遗产产业平台化运营的发展趋势越来越明显，那就是"运营平台＋非物质文化遗产文化＋其他

（金融、科技、旅游等）"，即基于互联网的综合化、融合化交易运营服务平台。当前阶段，非物质文化遗产产业综合化交易运营服务平台的创新模式，主要还是集中在多元化、融合化发展方向。详细说来，这些创新发展取向主要体现在以下几个方面：第一，平台化交易运营模式的创新与非物质文化遗产产业的融合。在非物质文化遗产产业与非物质文化遗产消费市场的双重架构下，不断通过非物质文化遗产产品的传承创新和交易运营模式的创新发展拉动整个非物质文化遗产产业链的延伸，进而带动非物质文化遗产产品市场的拓展和非物质文化遗产产业规模的发展。第二，交易运营模式的创新与非物质文化遗产产品的多元化发展。平台化运营最重要的是需要打开思路、打破常规，不要局限于非物质文化遗产产品现有的门类，要善于挖掘和整合尽可能多的非物质文化遗产产品和市场资源，尤其是在非物质文化遗产产品市场交易管理的运营过程中，应该在关注传统非物质文化遗产产品的基础上，积极关注跨界非物质文化遗产产品、非物质文化遗产艺术衍生品、非物质文化遗产概念艺术品等，这些产品领域都是可以通过综合化、平台化运营产生巨大交易量的非物质文化遗产产品板块。第三，平台化交易运营模式与新型电商的创新融合。基于大数据技术的有力支撑，非物质文化遗产产业平台化运营可以深度把握和挖掘非物质文化遗产爱好者的真实消费需求，促进交易运营平台与电子商城平台的深度融合。

3.非物质文化遗产产业与科技、金融、旅游深度融合发展是大势所趋

QQ浏览器携手非物质文化遗产大数据平台共同推出的《2018中国互联网用户非物质文化遗产认知与需求调研报告》指出：非物质文化遗产的多元

跨界深得用户喜爱，其中"00后"最偏爱二次元表现形式，而24~30岁用户偏爱综艺节目及影视剧的非物质文化遗产传播形式，30岁以上用户则更多地选择线下体验及旅游活动。另一方面，女性相对于男性而言，更容易在非物质文化遗产产品上实现购买行为，而男性则比较侧重于了解和学习非物质文化遗产知识。在非物质文化遗产商业化方面，旅游是最受用户欢迎的非物质文化遗产商业产品，其次是实体店、体验馆以及实体产品，用户在非物质文化遗产商业产品上的花费依旧偏重于旅游体验，职业白领则更加倾向于非物质文化遗产与旅游的结合，其中公司管理者以及金融行业对旅游的需求最为旺盛。

上述报告所述与近年来非物质文化遗产产业的发展实践证明，与科技、金融、旅游的融合发展已经成为非物质文化遗产产业平台化运营的重要趋势。首先，非物质文化遗产产业与互联网科技的融合极大地促进了整个非物质文化遗产产业的迅速发展，尤其是随着移动互联网技术的创新发展，非物质文化遗产产业平台化运营也达到了前所未有的新高度、新水平。科技创新是非物质文化遗产产业发展的重要引擎，互联网高新技术与非物质文化遗产产业融合而衍生出的新文化产业形态，不仅代表着我国非物质文化遗产文化产业发展的重要方向，而且还能为非物质文化遗产文化企业规模化、集约化、专业化经营提供内生动力和实施路径。其次，非物质文化遗产产业与金融的融合，为传统非物质文化遗产产业的创新发展和产业升级注入了新能量、带来了新机会。由于一般非物质文化遗产企业生产能力较低，生产规模和资产规模都比较小，难以获得直接融资或金融资本的支持；而非物质文化遗产产业平台化运营模式的出现，平台的众筹、订单质押、信用担保等金融服务功能在一定程度上有效地解决了非物质文化遗产产业融资难的问题。最后，非物质文化遗产产业与旅游产业的融合发展更是为非物质文化遗产产业的发展新开辟了一条阳光大道，使得非物质文化遗产因旅游体验而生动活化，旅游因非物质文化遗产而内容更加丰富多彩；非物质文化遗产以旅游为服务载体，旅游以非物质文化遗产为内容体验。全国各地数不胜数的风景名胜和文物旅游景观一旦与当地资源丰厚的非物质文化遗产文化深度融合，必将对游客产生强大的非物质文化遗产文化吸引力和消费吸引力，非物质文化遗产产业也将因此获得巨大的经济效益。

三、平台化运营的基本框架和运营体系

（一）建立运营平台的核心价值体系

建立非物质文化遗产产业发展运营平台的核心价值体系，立足于"四公"原则，即"公开、公平、公正、公享"来建构平台运营体系的公信力，专注于非物质文化遗产项目及其产品的价值发现和价值提升，打造全新的非物质文化遗产生态化产业链共享平台。具体说来，就是以运营平台为核心，以非物质文化遗产传承项目、非物质文化遗产传承人及其非物质文化遗产作品为主体对象，充分考虑到非标准化、资源个性化、价值构成多元化、开发增值特性、价值提升等诸多特别属性，以价值发现和价值提升为目标，利用建立开放共享式的非物质文化遗产作品及其市场信息相关的数据库，建立起全新的市场定价体系、支撑服务体系、技术服务体系、信息服务体系等。同时，通过线下非物质文化遗产体验式销售平台和线上非物质文化遗产商城结合，实现直观互动平台的高度融合，从而在平台的价值发现、服务响应、运营效率、安全系数、产品满意度等方面得到显著的改善和提高。

（二）建立运营平台的征信管理体系

中国非物质文化遗产产业发展进程中以征信管理体系为核心的诚信机制建设，是突破非物质文化遗产产业和市场发展瓶颈的重要举措，也是非物质文化遗产产业市场规范与有序发展的重要保障。中国非物质文化遗产产业平台化运营征信管理体系建设的核心内容主要包括：依托国家相关法律法规，运营平台收集、整理、保存、加工非物质文化遗产传承人及相关非物质文化遗产机构法人等的非物质文化遗产产业市场信用信息，并为客户提供非物质文化遗产产业专业化的信用报告、信用评估、信用信息咨询等服务，帮助客户判断和防控非物质文化遗产市场中的信用风险，对非物质文化遗产市场信用进行系统化、科学化、规范化的管理和服务。运营平台的征信体系主要包括两大系统：一是以企业法人为主体的法人组织信用征信，二是针对参与非物质文化遗产市场业务者个人的交易行为及其相关社会活动的信用征信。

（三）建立运营平台的信息共享服务体系

信息共享服务体系的建立，可以卓有成效地解决非物质文化遗产产业发展过程中的诸多矛盾，例如非物质文化遗产产品的确权、估值、溯源、侵权、信息不对称等问题。建立信息共享服务体系，能够通过共享的信息化管理系统和开放式的服务平台面向社会公众、消费者、非物质文化遗产从业者反馈非物质文化遗产市场及产品的真实信息和交易数据，而且能够使非物质文化遗产产品的各种市场信息得以收集和处理，有序提供给信息相关者和需求者。比如非物质文化遗产传承人信息、非物质文化遗产产品价格信息、非物质文化遗产收藏者和消费者信息、非物质文化遗产价值评估、非物质文化遗产交易记录、非物质文化遗产产品溯源等。基于此，利用运营平台的信息共享服务体系，可以便捷地查询和使用相关非物质文化遗产市场的产品信息、交易行情、交易数据、信用状况等信息状态，从而为非物质文化遗产市场管理者、决策者、非物质文化遗产从业者和消费者服务。

（四）建立运营平台的支撑服务体系

运营平台的支撑服务体系主要包括：确权登记系统、鉴证备案系统、展示交易系统、资金结算系统、仓储物流系统、金融服务系统、会员服务系统等多个系统。各个系统分别主要完成权益登记、备案查询、交易管理、结算支付、集保仓储、金融服务、会员管理等功能，以此聚合完善非物质文化遗产产业的支撑服务体系。

（五）建立运营平台的技术服务体系

建立运营平台的技术服务体系是非物质文化遗产产业创新发展和运营管理平台化建设的基本需求，运营平台的技术服务体系主要包括技术核心支持系统、产品核心交易系统、非物质文化遗产金融服务系统、仓储物流服务系统、平台其他配套服务系统等。

第二节　非物质文化遗产与科技融合的产业化发展

一、中国非物质文化遗产产业科技融合发展的背景与政策

（一）中国非物质文化遗产产业科技融合发展的背景

由于非物质文化遗产的概念出现得较晚，在世界范围内非物质文化遗产保护及其产业问题都是一个新的课题，我国也不例外，这为利用先进的科学技术更好地进行非物质文化遗产保护工作提供了契机。尤其在近年来，随着人们对非物质文化遗产认知的提升，将非物质文化遗产提升到战略资源、产业和文化引领的战略制高点，非物质文化遗产产业与科技的融合呈现出热点化和加速发展的态势。在非物质文化遗产数字化实践方面，相关机构主要通过两种方式开展工作：第一，众多文化机构、协会立足于自身馆藏，形成内容丰富、形式多样的非物质文化遗产数字产品为用户提供服务，如意大利图书馆遗产与文化机构专业委员会发起的"因特网文化遗产项目"，美国国会图书馆开展的"美国记忆工程"，日本国会图书馆建立的贵重图书图像数据库、年历在线等。第二，通过跨国界、跨部门、跨行业建立非物质文化遗产资源共享项目，如加拿大图书馆建立的加拿大铁路史、诗歌档案库、家谱与家族史特色资源库，联合国教科文组织亚太地区文化中心推进的"亚太地区非物质文化遗产数据库"等。

我国非物质文化遗产数字化保护实践起步较晚但发展迅猛。我国的数字化

保护工作从一开始就处于比较高的起点，初步建立涵括国家级、省级非物质文化遗产网站、专题数据库的数字化网络服务体系。此外，由文化部（现为文化和旅游部）、财政部共同组织实施的全国文化信息资源共享工程涉及多个非物质文化遗产数字化建设与服务项目，并依托省级图书馆、非物质文化遗产保护中心开展了多个综合性非物质文化遗产数字化展示项目。

（二）中国非物质文化遗产科技融合发展政策与进展

随着全球化、信息化的迅猛发展，国际上，很多国家都将文化遗产保护提升到维系本土文化独立性的国家战略高度予以系统部署，将其作为维系民族团结、国家统一、文化自信、文化认同的重要举措，并将文化遗产与优秀传统文化视为国家的"金色名片"，作为国际交往的润滑剂、助推器予以重点部署。利用科技手段支撑和引领文化遗产保护与公共文化服务，是国际社会的普遍做法和策略。

为明确文化遗产保护与公共文化服务科技创新的方向与任务，切实推动文化遗产保护与公共文化服务事业科技进步，明确"十四五"时期文化遗产保护与公共文化服务科技创新的总体思路、发展目标、主要任务和重大举措，加强文化遗产保护与传承，提升公共文化服务能力，2021年，国务院办公厅印发了《"十四五"文物保护和科技创新规划》的通知，这是中国非物质文化遗产产业科技融合发展的重大机遇。我们也看到，许多国家为抢占未来的制高点和话语权，纷纷将文化遗产保护纳入本国和本地区的科技规划或单独设立科技行动计划，例如，欧盟的"地平线2020计划""地中海地区文物认知与保护计划"、法国的"国家级文化遗产研究计划"、意大利的"文化遗产安全计划"等。未来5~10年，将是文化遗产保护与公共文化服务科技事业发展的重要战略机遇期，在新技术革命的带动下，这些领域正孕育着新的群体性突破。

二、产业科技融合的现状与发展趋势

回顾近年来的发展，文化、旅游与科技融合程度日益提升。随着互联网、大数据、人工智能的深度应用，以及当下正在构建"新秩序"的时代背景下，5G、物联网的超常规发展，科技正在全面融入文化建设、旅游产业、公共文化服务、文物保护、舞台科技、非物质文化遗产保护传承等各领域，并发挥着越来越重要的作用。

非物质文化遗产产业获得了长足的发展，在各种文博会、发布会上亮相的产品，都在努力把非物质文化遗产工艺、技艺和产品转化为面向时代生活、面向国际传播、流行于当下年轻人生活当中的消费品。与新科技、"互联网+"等相结合，让古老的非物质文化遗产技艺呈现出新面貌：戴上VR眼镜，观众可以现场体验考古现场、非物质文化遗产的工匠技艺；在AR互动实景下，一眼看尽多个博物馆；通过物联网技术欣赏数字化的影像、文物等艺术品并直接进行交易；也可以看到运用3D打印技术还原的数百年前的漕船，用手机扫描漕船模型后，自动进入数字展馆；借助AR互动"沉浸式"体验，"书虫"们在机器人主播的陪伴下徜徉于非物质文化遗产书海；在各种数字电影产业园，借助MR（Mixed Reality，混合现实）实现虚拟世界与现实世界的互动，剧迷们近距离感受特效影棚，体验文化与科技的深度融合。通过可视化编程、机器人等，小朋友们可以设计相关动作，与操作机器人进行探索，体验非物质文化遗产文化。

（一）从非物质文化遗产数据库到非物质文化遗产大数据

非物质文化遗产数据库是以非物质文化遗产的数字资源为核心内容的集成仓库，按照非物质文化遗产传承与保护逻辑，建构相对应的非物质文化遗产数据库系统，将散存于世的、难以在物理空间集成的文化资料、实物资料通过数字网络技术集中在统一的数据库中。数字化资源的最大程度集合和管理，便于发挥出非物质文化遗产资源利用价值的最大化。建立非物质文化遗产数据库，对非物质文化遗产数据加工发布，使得数字资源在平台上实现各级搜索与不同权限的浏览，实现非物质文化遗产资源数字形态的最大共享，而且数据的保存与传播也有利于促进项目所有者信息、知识产权信息的公开，未来将成为促进非物质文化遗产资源合法利用与共享、促进传承人权益保护的有力工具。

（1）碎片化、多主体化

我国非物质文化遗产种类繁多，复杂多样，近十余年，国家各级政府主管部门的非物质文化遗产普查、名录申报等积累了大量的零散资料——基本数据信息（表格、文本、图片、音频、视频等）。

非物质文化遗产数字信息来源多主体化。如各级政府的文化主管部门，各种非物质文化遗产管理与研究机构，高校和研究所，各级各类档案室、图书馆、博物馆，以及非遗传承人等，导致存在非物质文化遗产数字资源存在记录手段的不一致（有的录音、有的拍摄、有的是数字建模）、存储空间的分散、信息储存逻辑模式不同（储存格式与标准不同）、数据编码标准的异构（非物质文化遗产项目侧重传统表演艺术、传统造型艺术、传统生产生活知识技能及传统节庆仪式等不同形态，编码标准不一致）等问题。

（2）数字化保护

非物质文化遗产数据库建构的基本意义之一就是保护，通过数字技术记录并保存非物质文化遗产。世界各国都重视对人类文化记忆的保护，无形文化记忆对当今社会的发展具有不可估量的历史和人文价值。建立非物质文化遗产项目数据库则能准确把握各个项目的存续状态：传承人数量、传承项目的等级、传承区域范围、相关音像等。仅靠实体资料的整理与管理无法有效满足现代管理的需要，数字化立档保护所需时间短，数字记录等易于完成，并随时可对项目数据进行监测分析管理，有利于非物质文化遗产项目的保护与管理。

（3）共享和保护

非物质文化遗产数字化资源相对于非物质文化遗产实体本身来说，更便于传播共享。不论从人对非物质文化遗产资源的需求，还是社会对非物质文化遗产的认知保护出发，通过网络信息技术实现资源共享是趋势。

在非物质文化遗产数据编码采集、数字记录、更新维护及时的情况下，通过非物质文化遗产数据库可以为非物质文化遗产保护工程提供强大的数据辅助，客观地把握非物质文化遗产保护的各项工作进展情况，辅助保护工程科学管理决策。不管是非物质文化遗产保护的整体性规划推进，还是各类非物质文化遗产项目上的取舍，均是建立在真实信息分析的基础上。在非物质文化遗产数字化保护过程中，需要一个集成性的数据库来支持与支撑，将非物质文化遗产数字信息资源进行合理的整合、管理与调用，从而提升非物质文化遗产保护的工作效率与效果。

（4）数字化发展

非物质文化遗产数据库的建设不仅仅是为了保护，还要考虑到非物质文化遗产数字化发展问题，即非物质文化遗产数字内容的应用。通过数字技术可以将非物质文化遗产内容以标准化和数字化的形式进行编码存储，建立数字文化遗产资产库，并以其素材数据为基础、以市场需求为导向，灵活开发各类具有自主知识产权的视觉形象、文化元素等，通过版权授权、展览展示、联合开发、教育培训、文化传承等方式实现非物质文化遗产的数字化发展，以延长非物质文化遗产项目的生命周期。非物质文化遗产的数字内容应用主要表现在文化传承、公益服务和产业融合三大方面。

（5）非物质文化遗产大数据

2017年，联合国教科文组织国际非物质文化遗产大数据平台（简称"非物质文化遗产大数据平台"）在北京正式发布。该平台由中国联合国教科文组织全国委员会、中国非物质文化遗产保护协会指导，永新华韵文化发展有限公司主办，目前已搜集了超过3万项非物质文化遗产项目，收录传承人3000余人，覆盖世界105个国家和地区。据了解，非物质文化遗产大数据平台以互联网为媒介，旨在保护、传承、交流非物质文化遗产的相关信息，建立了非物质文化遗产项目统一的分类标准和唯一的国际标识编码，搜集并整理了全球 200 万项语言版内容。该平台预计将收集 87 万个中国非物质文化遗产词条。

（6）案例："数字化"保护传承非物质文化遗产"见人见物见生活"

在数字化时代，散落在民间的非物质文化遗产以及传承人有了更多的呈现形式，也让非物质文化遗产传承与保护更加立体和多元。近年来，福建省充分发掘丰富多彩的非物质文化遗产资源，建设了"见人见物见生活"的非物质文化遗产保护传承体系。

木拱廊桥传统营造技艺是福建一个非物质文化遗产项目，整座桥不用片钉寸铁，使用短的构造材料，却形成了大的跨度。然而，随着时代的变迁，许多木拱廊桥年久失修被损毁，也因实用性较小，渐渐被人们遗忘，熟知建桥技艺的师傅亦越来越少。几年前，宁德屏南县谢坑村重新修复了一座廊桥，技艺传承人按旧工艺进行复原，福建省图书馆组织拍摄团队将整个过程跟踪拍摄了下来。采用数字化的采集、储存、传播等技术系统地记录非物质文化遗产知识和精湛技艺，再转换复制成可共享、可再生的数字形态，为后人传承、研究、利用非物质文化遗产留下宝贵资料。

福建省文化和旅游厅自 2015 年至今已完成 20 位国家级代表性传承人的抢救性记录，采集寿山石雕、脱胎漆器、客家土楼、妈祖、福州评话、南音共计 3000 余条影像和文字资料，并建设了闽南文化生态保护区数据库。[①]

---

① 西沐 . 2018-2019 中国非遗及其产业发展年度研究报告 [M]. 北京：中国经济出版社，2019.

（二）"互联网+"科技手段激活非物质文化遗产

充分利用移动互联网技术已经成为保护优秀传统文化的趋势，传统戏曲、工艺美术等非物质文化遗产项目借由互联网进入寻常百姓家。更值得欣喜的是，文化旅游部门尝试利用互联网，搭建青少年与中华优秀传统文化的沟通桥梁，让传统文化变得新潮、时尚、魅力十足。

2018年3月，百度"非物质文化遗产百科"上线了"唐卡专题"，对"白度母"等40余件唐卡展品进行展示。通过亿级像素采集，120张高清照片矩阵合成10亿像素的超高清图片，每一处细节都清晰可见，观众甚至可以获得比线下更好的观赏体验。2018年5月，由百度发起的"我为家乡非物质文化遗产代言"活动在微信朋友圈"刷屏"，用户可以通过上传照片生成一份家乡非物质文化遗产代言人海报。这项活动吸引了数十万年轻网友为家乡非物质文化遗产发声，大大提升了他们对优秀传统文化的认同感和对故乡的自豪与眷恋。

除此之外，"互联网+文物"、云计算大数据、综合运输信息化等数据资源正呈现打通趋势，共同致力于"智慧城市"建设。以陕西为例，通过腾讯搭建的相关互联网平台正在实现省内文物的"活化"，在文物识别、文物修复、数字科技馆建设、智慧游园平台搭建、文物IP打造与传播等方面开展全面合作。

（三）数字化新科技活化非物质文化遗产新体验

积极探索文物和非物质文化遗产的数字化保护、传承与弘扬，将互联网、三维、AR 和 VR 等数字化新技术越来越多地引入到文化遗产保护和传承中，使文化遗产"活"在当下，走向未来。

（1）数字敦煌

敦煌石窟是中国古代文明的璀璨艺术宝库，也是古代丝绸之路上不同文明之间对话和交流的重要见证。"数字敦煌"是一项敦煌文物保护的虚拟工程。

该工程包括虚拟现实、增强现实和交互现实三个部分，使敦煌瑰宝数字化，打破时间、空间限制，满足人们游览、欣赏、研究等需求。"数字敦煌"项目利用先进的科学技术与文物保护理念，对敦煌石窟和相关文物进行全面的数字化采集、加工和存储，将已经获得和将要获得的图像、视频等多种数据和文献数据汇集起来，构建一个多元化与智能化相结合的石窟文物数字化资源库，通过互联网和移动互联网面向全球共享，并建立数字资产管理系统和数字资源保障体系。

（2）"数字化"讲好非物质文化遗产故事

福建省文化厅实施"互联网＋科技＋非物质文化遗产"工程，讲好非物质文化遗产故事。戴上一款 VR 眼镜，出现在眼前的是福建非物质文化遗产"农民漆画"的制作过程，观众还可以参与其中，通过操控手柄来体验制作一幅农民漆画的全过程。利用 VR 技术交互性强的特点，可以沉浸式、立体化展示非物质文化遗产项目，只需戴上 VR 眼镜，便可置身于传承人的工作室，跟着传承人体验和学习非物质文化遗产技艺，让非物质文化遗产"学得来"。同时，依托 AR 技术，可将非物质文化遗产展品三维立体地呈现在手机上，把"非物质文化遗产"带回家，改变了传统的观展方式，可以随时随地通过手机欣赏非物质文化遗产精品，了解非物质文化遗产故事。

（四）AI 赋能非物质文化遗产新形式

发展迅猛的人工智能技术也赋予了非物质文化遗产文化传播新的形式。在 2018 年"5·18 国际博物馆日"中国主会场活动上，国家文物局与百度公司共同启动了 AI 博物馆计划，不仅构建了打通各馆壁垒的数字博物馆平台，还在功能上实现了智能搜索、智慧地图、图像识别、语音交互导览、机器翻译、人工智能教育等，目前已与秦始皇帝陵博物院、苏州博物馆及上海市历史博物馆达成合作。

非物质文化遗产百科结合用户的需求特点，将通过图片、视频、音频、AR、VR 等多种形态展现、记录优秀的非物质文化遗产项目，让人们能够快速、深入地了解非物质文化遗产，打造"互联网＋非物质文化遗产"的传播模式。

（五）5G 时代的非物质文化遗产科技融合

基于标准结合 VR、AR 技术，将珍贵文物、非物质文化遗产转化为虚拟数字内容，并无缝整合到真实场景中，产生了下一代沉浸体验。下一代沉浸体验，即科技力量将无限拓展场景，大大提升我们的体验感，5G 业务商用、4K 技术广泛应用、VR/AR 技术逐渐成熟，人们将迎来一个激动人心的新世界。

民族文化宫、陕西历史博物馆等与中央电视台共同打造的《国宝大会》项目，正是依托文化科技标准助力中华优秀传统文化的传承。美好体验是用户不变的追求，而体验的本质是文化，体验也是文化的良好载体，通过"科技＋技术"拓展场景，为用户开启下一代沉浸式体验。

湖南省博物馆整合博物馆内容与服务资源，开展一站式博物馆会员服务，为亿万网民提供线上服务和线下体验。在线上服务区，运用移动互联网、VR、AR、5G 等新媒体技术，用户通过手机就可以零距离欣赏国宝，虚拟参观博物馆内容和世界文化遗产，同时通过短视频、直播或 VR 视频，听馆长和讲解员讲述国宝背后的故事，用户体验更加沉浸式、互动化。在线下体验区设计了汉朝穿越之旅体验项目，参观者可以通过视觉、听觉、嗅觉、味觉、触觉等身体感受，"穿越"到汉朝遗址和生活场景，扮演古人角色，同时在现实中进行社交互动。古今穿越，虚实结合，新奇场景和文物体验，让古老的文物变得生动起来。

第三节　非物质文化遗产产业化发展与区域综合开发

一、非物质文化遗产是区域文化产业发展的战略资源

在文化产业发展的过程中，虽然文化大发展、大繁荣是中华民族复兴的重要举措，但由于长期以来我们的工作方针与政策并未将文化产业作为一项重要的战略与核心工作来对待，对文化产业的内在规律及发展趋势缺乏深入而又全面的认识，以至于在文化产业发展的过程中存在不少误区和模糊的认识，特别

是在非物质文化遗产及其产业发展的过程中，这个问题尤其严重。所以，我们要认真反思与认识非物质文化遗产资源的战略地位及重要性，要从战略高度上来认识非物质文化遗产资源及其产业的重要性。

（一）非物质文化遗产资源是文艺坚持以人民为中心的创作导向的重要组成部分

党中央提出，文艺要坚持以人民为中心的创作导向，非物质文化遗产资源是这个创作导向重要的组成部分。在这里，人民不仅仅是被教育的对象与观众，更为重要的是，人民本身就是参与及进行创作的主力军。

我们常常讲，文化建设必须"坚持人民主体地位"，而关键在如何落实。作为一个概念好理解，理论也好阐述，但一旦要落实下来，就需要找到载体，非物质文化遗产就是一个重要的载体。将非物质文化遗产作为文化建设必须"坚持人民主体地位"的重要载体，需要重视以下几个方面：

一是必须围绕以人为本这个中心，将人民群众的文化艺术多样化需求放在第一位，要解决"民间的"不等于低级的、粗糙的、非主流的概念与认识。二是要建立一种全新的建设机制，这个机制的核心就是以群众为主体，群众参与创造、成果共生共享，真正建立起非物质文化遗产发展的新型文化形态建制。最后关键是要发展非物质文化遗产事业，不仅要完善与提供能够满足群众共生共享需求的软硬件设施，更要在新的形势下探索非物质文化遗产发展的相应的建制建构、发展机制以及发展路径的培育。在工作中，要明确非物质文化遗产事业与非物质文化遗产产业的分野，一方面要强调政府在文化艺术事业发展中要承担责任。另一方面要强调非物质文化遗产产业更多地依靠市场机制。两者衔接的关键是要搞好规划与引导，搞好衔接，不能对立。

（二）非物质文化遗产资源是增强全民族文化创造活力的生力军

要确立非物质文化遗产是民族文化艺术创造力的生力军的观念，就要坚决破除一些错误的认识与理念。首先，要破除旧观念。改变非物质文化遗产是民间的，水平不高，是群众的自娱自乐，登不上大雅之堂，价值不高的观念。其次，要防止灯下黑。我们现在一提起艺术，马上就想起学院，想起所谓主流艺术；一提起名家，就马上想起这个院长、那个主席。事实上，我们要善于眼睛向下，发现我们身边的大师名家。我们积极支持向一切人类的文明成果学习，但却不能漠视非物质文化遗产这个"大粮仓"。不吃"大粮仓"的粮食而去一味地吃飞食，不仅有悖于我们党的路线方针，也培养不出真正的大师。我们要理直气壮地培育身边的、民间的文化艺术大师，推出经典作品，激发区域文化艺术活力及创造力。

（三）以交流促进共识的形成，以共识的形成来推动核心价值观的构建

核心价值观不能仅仅靠打造，因为它是打造不出来的，也不能仅仅靠设计，它也是设计不出来的，更不能仅仅靠研究提炼，它更不是靠研究提炼来完成的。核心价值观靠的是润物细无声的广泛参与，靠的是平等的交流，靠的是在参与和交流中形成的共识。因为没有共识，就不可能有核心价值观。所以，推动文化发展，要在中国历史发展和世界文明演进的大视野中凝聚社会共识，对待文

化发展，必须培育一种承接历史、面向未来的自觉的文化意识，形成兼容并包、相互促进、和谐共生的文化观，才能在全球文化的相互激荡中提升中华民族在全球多元文化中的影响力。而非物质文化遗产就是人民群众广泛参与和平等交流的重要平台，培育人民群众的精神力量、提升个体内在素质及理想境界的平台。

（四）非物质文化遗产资源是推动文化事业全面繁荣、文化产业快速发展的重要支撑

文化创造必须立足于发展成果由人民共享，既要尊重人民作为文化的消费者和享受者的基本文化权益，也要尊重人民作为文化的创造者的权益。非物质文化遗产资源的开发利用，已成为增强文化产业的整体实力和竞争力、发展新型文化业态和提高文化产业规模化、集约化、专业化水平的重要资源基础与战略支撑。

（五）非物质文化遗产产业是落实文化民生的重要抓手

非物质文化遗产产业是落实文化民生的重要内容。第一，非物质文化遗产是让人民群众享有健康丰富的精神文化生活的重要载体与平台；第二，非物质文化遗产产业是提高人民群众收入的一条重要途径。

二、区域非物质文化遗产资源综合开发的探讨

区域文化历史悠久，源远流长，种类繁多。不同的区域文化传统孕育了不同的区域非物质文化遗产。区域非物质文化遗产反映了区域劳动人民独特的生

活情趣，代表着区域民众的审美理想，包含着区域丰富而深刻的社会历史信息，区域非物质文化遗产和民俗生活密切相关，体现了区域广大劳动人民繁衍生息的脉络，为群众所喜闻乐见，体现出清新、质朴的艺术风格。

与此同时，区域非物质文化遗产是千百年来区域民众创造的大众的、生活的、民俗的艺术，是民众集体智慧的结晶，也是人们精神生活的重要内容。更为重要的是，区域非物质文化遗产蕴含着中华民族特有的精神价值、思维方式、想象力和文化意识，不仅成为区域文化的重要组成部分，更体现着中华民族文化旺盛的生命力和创造力，是民族文化的宝贵财富。改革开放后，政府的鼓励、社会经济的繁荣都在一定程度上刺激了区域非物质文化遗产的发展。有效地保护与开发区域非物质文化遗产，使非物质文化遗产融入现代社会生活就成了摆在整个人类面前重大而又迫在眉睫的课题。

（一）当前区域非物质文化遗产资源的开发态势

关于区域非物质文化遗产资源是区域经济、文化发展的重要资源的认识已经确立，积极寻找区域非物质文化遗产资源向产业化经济要素的转化也已成为各级政府的共识。但是，在发展的过程中，区域非物质文化遗产开发还存在诸多问题。

1. 区域非物质文化遗产定位不清晰，系统性发展不足

区域非物质文化遗产已经走过了上千年的历史进程，如今当人们提起它时，印象还停留在走街串巷，活跃于瓦市胡同、摊贩之间，虽五花八门却难有系统的专业队伍的阶段。这说明区域非物质文化遗产并未得到大的发展，人们对区

域非物质文化遗产的忽视，也造成了区域文化的挖掘与整理工作做得还不够。

在保护与发展区域非物质文化遗产方面，人们没有形成一种系统、有规划、有逻辑、有条理性的思路，这使得区域非物质文化遗产如散户游民一般自发地流落于街头、乡间村野而无人问津，甚至大部分人还在头脑中形成了"非物质文化遗产难登大雅之堂"的观念。中国是一个拥有数千年历史的泱泱大国，历朝历代的文化艺术资源丰厚。历史的车轮愈往前行驶，我们人类所拥有的文化艺术种类反而变得稀少。究竟是现代市场及商品经济的浪潮冲击了区域非物质文化遗产，让其无处生存，还是我们自己始终在戴着有色眼镜看世界？究竟是区域非物质文化遗产自身不够丰富多彩、手艺不够精湛绝伦，还是我们被花花世界迷惑得已经失去了对身边本就美好、淳朴、五彩斑斓的事物的发现能力？对此，我们应有深刻的反省与思考，只有认真地反思才能有对区域非物质文化遗产的正确认识与把握，从而助其早日走上保护与发展的道路。

2. 区域非物质文化遗产资源开发的趋同性严重，区域文化品牌意识不强

在区域非物质文化遗产发展的过程中，"多样性"早已经成为人类需要面对的主要课题。对于一个区域来讲，非物质文化遗产的多样性决定了该区域文化的多样性，而文化多样性对于维持文化平衡就像生物多样性维持生态平衡一样。以前的非物质文化遗产工艺大都产生于家庭的手工作坊，家传的手艺非常精妙，制作出的艺术品精益求精。但现在，很多非物质文化遗产工艺品成了流水线上大批量生产的产品，造成了工艺上的缺失和艺术上的缺憾，致使人们困顿于批量生产所围成的牢笼之中，让人们看到的是只有浅薄表象而没有深刻的

文化精神，缺乏厚重感、强烈的个性与艺术风格的产品。一切的形象都是千篇一律，一切的制作手法都是如出一辙，一切的区域非物质文化遗产资源开发模式也都是千人一面，以与商业结合紧密的艺术汇演和工艺品展览会的形式为主，而汇演和展览的套路也几乎一模一样，人们只看到了热闹纷繁的演出，却没有看到别具风格的区域非物质文化遗产。面对这样的区域非物质文化遗产，人们只有乏味和疲惫。趋同性严重的区域非物质文化遗产又造成了粗制滥造、精品难求的局面，区域文化品牌的打造更是无从谈起。对区域非物质文化遗产资源开发趋同的另一个令人发指的现象是对区域非物质文化遗产资源的破坏与摧残。一些部门看到区域非物质文化遗产所蕴含的巨大商机，便纷纷打着保护区域非物质文化遗产的旗号来开发所谓的"旅游资源"，这种把区域非物质文化遗产当成摇钱树的，唯利是图之举在现今相当普遍。

区域非物质文化遗产是一种特色艺术，在发展中应有自己的个性与风格特征。区域非物质文化遗产总是在特定的时代、特定的民族、特定的地域存在和发展着的，所以既具有时代性，又具有民族性和地方性。脱离特定地方和特定文化特色的区域非物质文化遗产是不存在的，或者说无法长久存在。任何趋同性的艺术产品和开发模式只会越来越没有市场，品牌又是市场竞争的命脉。因此，作为无形资产和重要的战略资源，对区域非物质文化遗产资源的开发不仅要注意保存非物质文化遗产的特质，保持非物质文化遗产原汁原味的本土特色，还要注重创造精品、打造区域文化品牌。唯其如此，区域非物质文化遗产才能成为特色艺术，才会具有独特的艺术魅力和资源优势、广大的受众基础、巨大的发展潜力，有可能成为文化产业的支撑点和新的增长点。

3.区域非物质文化遗产产业化力度有待强化

作为文化精髓的区域非物质文化遗产发展的范围大都在市井胡同、乡间村头等地域，具有较强的地域封闭性。它们往往局限于某个固定的地方，很难实现跨区域传播，因而得不到更多地区人群的共同欣赏和流传，致使部分非物质文化遗产止步不前。尽管一些非物质文化遗产从业者正在摸索产业化道路，并且已经积累了一定的经验，但是，仍未形成较大规模的产业化模式，甚至很多非物质文化遗产种类已经失传或濒临灭绝。

第一，区域非物质文化遗产产品开发缺乏统筹规划。没有明确的区域非物质文化遗产产品的管理机构，对区域非物质文化遗产产品缺乏前瞻性、指导性、针对性、可操作性的开发规划，尤其是对产品开发的结构、布局、重点项目缺乏研究。

第二，区域非物质文化遗产产品开发力度不足。目前，区域非物质文化遗产产业自我发展能力十分薄弱，忽视对市场的培育，既不愿走出去，也不愿请进来；大多数企业规模偏小，市场经济观念差，商品化程度低；许多地方获得"非物质文化遗产"称号后，并没有因此财税收入大增，对高新技术与传统工艺相结合的非物质文化遗产产品的开发还非常滞后。

第三，非物质文化遗产产品对外宣传的力度不够。作为区域非物质文化遗产的主管指导单位，文化宣传部门这些年做了大量的宣传工作，但由于经费、从业人员专业条件和能力的制约，至今仍没有系统地宣传非物质文化遗产的书籍、光碟、网络等，导致对区域非物质文化遗产传播效果甚微。

第四，面临区域非物质文化遗产艺术品牌建立困境。品牌策略是产业经营中一个行之有效的法宝，对非物质文化遗产产业的发展同样奏效。品牌导向不明显，区域非物质文化遗产就无法有效地赢得市场、抓牢市场，自然无法形成稳固的产业链。区域非物质文化遗产蕴含着丰富的资源，有着广阔的产业化前景。区域非物质文化遗产要进入市场形成产业，就必须运用市场的运作手段，就必须了解市场、积极创新。只有大胆地闯市场，走产业化发展之路，区域非物质文化遗产才能自救、才能生存、才能发展，而一味地等扶持、靠保护、要资金并不是区域非物质文化遗产发展的有效途径。区域非物质文化遗产必须积极探索产业化运作方式，以市场需求激活自身活力，在市场中寻找生机，以此增强区域非物质文化遗产实力和竞争力。

4.区域非物质文化遗产的基础条件创建还处于初级阶段

对于区域非物质文化遗产的发展，人们已经越来越关注与重视。但是，支持区域非物质文化遗产发展建设的工作才刚刚起步，还处于初级阶段，仍存在很多不尽如人意的地方。

第一，立法滞后，区域非物质文化遗产资源管理乏力。到目前为止，政府部门对区域非物质文化遗产没有一套全面的保护法，没有相关政策和有效的管理措施，这使得区域非物质文化遗产保护工作无章可循。于是，部分地方的领导擅自决策，导致一些大师级的珍品被陆续卖掉；一些集成资料丢失、霉烂，或被当作废纸卖掉；某些部门随意将工艺美术品集团化，流水作业化，传统特色减弱，导致非物质文化遗产工艺质量与数量严重滑坡；有的人甚至见利忘义，进行不正当的开发，对区域非物质文化遗产资源产生了破坏；一些以次充好的产品破坏了真正优秀的区域非物质文化遗产的声誉；一些"滥竽充数"式的表演也使得许多很有价值的区域非物质文化遗产财富自然贬值；一些封建迷信活动打着区域非物质文化遗产的旗号，腐蚀、破坏了民族传统文化。

第二，管理主体不明确，难以协调形成合力保护非物质文化遗产。可以说，文化、旅游、园林、宗教、公安、商业等行政管理部门和非物质文化遗产文艺家协会及一些科技机构蜂拥而上，不同程度地参与了区域非物质文化遗产的保护和开发工作。但是，由于管理主体不明确，对区域非物质文化遗产的保护难以有效地协调各方、形成整体合力、共同解决保护与开发中所存在的矛盾。到目前为止，尚没有一个部门能够对区域非物质文化遗产的产业规模、从业人员、投入产出以及不同类型非物质文化遗产的运作方式和效益进行量化分析和评估，更谈不上有计划、有步骤、有保护地进行合理开发与利用。

第三，区域非物质文化遗产工艺人才匮乏，年轻艺人专业素质有待提高。人才是决定一个产业与市场发展成败的主要因素，人才的力量便是成功的力量。然而，人才的缺乏却成为区域非物质文化遗产发展的主要瓶颈。为了适应市场经济变化的需要，区域非物质文化遗产从业人员队伍急剧壮大，但他们当中人员结构不合理，大多数还是初中毕业的年轻学徒，从事批量的商品生产，没有创作能力，技艺也得不到发展。很多手艺精湛的老工艺家不是已经去世，就是年龄太大体力不支，无法再带徒弟将其手艺传承下去。另外，多年来区域非物质文化遗产从业人员因单位不景气、工资低，或常年不发工资等客观原因，不少人纷纷弃艺从商。加之地方领导"重硬轻软"的思想严重，没有把区域非物质文化遗产建设纳入目标管理，对经济建设肯花钱，舍得投入，而对区域非物质文化遗产却不重视。

第四，区域非物质文化遗产保护工作缺少专门的机构、队伍和必要的资金。资金的缺乏也是当前区域非物质文化遗产保护工作面临的一个突出问题。在区域非物质文化遗产发展的过程中，机构与队伍的设立、保护区域非物质文化遗产珍贵资料所需的硬件设施，以及检索和开发工作等均需要一定的资金支持，而目前专项经费的缺少使区域非物质文化遗产资源的开发工作难以顺利进行。

（二）区域非物质文化遗产资源开发的层次

通过分析区域非物质文化遗产资源的开发态势，明晰了区域非物质文化遗产发展不容乐观的现状。区域非物质文化遗产作为人类珍贵的非物质文化遗产，不能随着历史潮流而销声匿迹。"不保护就消亡"，到了对区域非物质文化遗产应该有所作为的时候了。

1.在对区域非物质文化遗产的内容整理与经济研究、开发方面，要重点突出区域文化精神的提炼与个性化特征的整合

从区域及国家的整体发展角度来讲，区域文化是人民群众创作的果实，蕴含着丰富的文化信息、生活素材和艺术养分，是先进文化。从属于意识形态的区域文化又是区域经济与社会发展的无形资产。区域文化还是塑造民族精神的文化源泉，它是在民族文化的基础上升华、提炼而产生的，伟大的民族精神又

经常利用优秀区域文化加以展现和传播。区域文化是一个地区软实力的标志，欲开发与整理区域非物质文化遗产资源，就必须重点突出区域文化精神的提炼。充分发挥区域文化在区域非物质文化遗产资源的挖掘与研究中的强大的精神支撑力和推动作用，古人有言："皮之不存，毛将焉附？"这句话对于区域文化精神与区域非物质文化遗产之间的发展更为受用。文化是本，文化是根，忘本则难取利。重视区域文化精神，既会满足群众"求美、求乐"的需求，又为区域非物质文化遗产资源的发展创造良好而有利的文化环境，更会在全社会形成关注、支持、保护非物质文化遗产传统文化的良好氛围。相反，文化之根的枯萎、文化精神之光黯淡、文化血缘的断流、文化遗传信息的丧失都会使区域非物质文化遗产成为明日黄花。与此同时，开发与研究区域非物质文化遗产资源还要充分彰显与发挥区域文化的个性特征，摒弃与去除千部一腔、如法炮制的趋同化、雷同化模式，让区域文化随着区域非物质文化遗产的特色发展而别有风味地发展起来。具体地说，区域文化的个性化特征主要包括三层含义：一是少数民族的，二是靠传承人传承的，三是原生态的。区域文化个性也来自艺术的审美个性。区域非物质文化遗产在几千年的发展过程中凝结了鲜明的审美个性和审美特色，美轮美奂：一只香包就是一首感人的乡土诗，一张年画就是一曲动听的情歌，一件雕刻就是一个饱含生命体验充满浪漫情怀的人间故事。可以说，审美个性就是区域非物质文化遗产的神韵所在，也是区域个性文化发展的灵魂，失去了审美个性就等于失去了区域非物质文化遗产的本质，区域文化的个性化特征也无从谈起。例如，在 2008 年甘肃省兰州市的非物质文化遗产展中，"夜光杯"以质地细腻、杯型典雅、光泽耀人等特点赢得人们的青睐。夜光杯采用优良的祁连山玉精雕细琢而成，不仅雅观别致、精美绝伦，而且内涵丰富，有历史渊源。夜光杯距今已有2000多年的历史，最早出现在西汉东方朔所著的《海内十洲记》中："周穆王时，西胡献昆吾割玉刀及夜光常满杯。"传说，周穆王途经瑶池，西王母以玉液琼浆款待，并赠予夜光杯，把美酒倒入杯中之后，对着微微月色，夜光杯清透如水，似有奇异光彩，周穆王爱不释手。夜光杯的古色古香不仅能让人联想到古代丝绸之路的繁荣昌盛之景，还能让人感受到现代文明与手工艺术的结晶之美。见到它，人们即刻就会想起唐代著名诗人王翰的"葡萄美酒夜光杯，欲饮琵琶马上催"的千古佳句。由此可见，夜光杯向人们展现的不仅是一件美妙绝伦的艺术品，更是一种文化风韵、一种独特的艺术风格、一种别样的精神特质。

2. 开拓区域非物质文化遗产资源向产业要素转化的通道

首先，资源整合的企业集团化开发，强化统一规划、整体设计、系统开发、整体收益的观念。区域非物质文化遗产资源开发应该而且必须走企业集团化开发的路子，这是区域非物质文化遗产迈向产业化并逐步做大、做强的新路。企业集团化会从宏观整体的角度来充分整合区域非物质文化遗产资源，实施总体设计，统筹规划，制定系统的开发结构，为区域非物质文化遗产资源的开发注入一剂强心针，从而有效地扭转与改变当下非物质文化遗产小、散、杂、乱的现状，使其走向规范化的轨道，达到提高整体收益的效果。在企业集团化的过程中，具体要做到以下两点：第一，去粗取精，推陈出新。区域非物质文化遗产来源于广大人民群众的日常生活生产实践，受社会文化风尚、群众文化素质的影响，再加上缺少加工提炼，以及流传中的扭曲变异，往往存在菁芜相杂、瑕瑜互见的现象，而企业集团化的首要前提就是要推出精品，打造文化艺术品牌。因此，对区域非物质文化遗产资源的开发利用一定要科学分析，去粗取精，通过修改整理，提炼升华，转借有用的、发展健康的、弘扬优秀的，抓住资源对象的主流和合理因素，努力凸显区域非物质文化遗产的先进性，对封建的、迷信的、颓废的、低俗的区域非物质文化遗产应坚决予以剔除。第二，改变手工作坊式、各自为战的状态，实现经营管理规范化。传统的手工作坊式使区域非物质文化遗产永远散落在街头巷尾，甚至造成精湛的非物质文化遗产逐渐失传、濒临灭绝；而鱼目混珠者却大肆猖獗，这种手工作坊不仅永远无法让区域非物质文化遗产资源脱离散户时代，攀上集团化发展的高峰，而且会使区域非物质文化遗产市场混乱不堪，真假难辨。因此，要理顺区域非物质文化遗产市场管理体制，统一市场管理规则，实现经营管理规范化。第三，打造以资产为纽带的格局，进一步实现地域布局网络化。运用现代市场组织形式和连锁经营、物流配送、电子商务和电影院线等现代营销方式有效地整合资源，促进艺术产品流通。根据业务特点和区域非物质文化遗产资源的优势，打破地区、部门、行业、所有制界限，在演出、展览、会展、旅游、网络、电影、音像、画册等方面进行资源整合，优化资源配置，不断拓宽区域非物质文化遗产的消费领域，培育新的艺术消费热点。

其次，系统联系与整合区域非物质文化遗产展演，以区域非物质文化遗产的新奇内涵来提升文化产业的文化品位。其中，强化与区域非物质文化遗产的互动体验优势是开发的主线。艺术展演是挖掘、展示区域非物质文化遗产常用的形式。目前，区域非物质文化遗产展演多是五花八门，虽然热闹却杂乱无章，应将区域非物质文化遗产展示、演出进行系统而又有序地整合与联系，促使其发展得更有条理性与规划性，并彰显区域非物质文化遗产不落俗套的新奇内涵，进而提升其作为一种文化产业的品位。

在对展演的整合过程中，加强与区域非物质文化遗产的互动体验是重要的一环。没有互动体验，区域非物质文化遗产就只能在自唱自演、自说自话的圈子里打转，无法调动起大众对它的关注。例如，2009 年 4 月 25 日至 28 日，安徽国际会展中心举办了为期 3 天的"2009 中国旅游商品博览交易会"，该交易会以投资洽谈、旅游商品展示、贸易博览、产品推介等活动为主要内容，集中展示了我国中部及国内外有关地区的旅游商品特色。展馆分成中部六省展区专题展区、境外展区等特装展区，旅游商品互动动态展区，旅游纪念品、旅游商品展区，工艺品、手工艺精品展区，政务、商务及礼仪用品展区，旅游休闲用品展区和收藏品展区七大展区，来自韩国、柬埔寨、泰国等 9 个国家和国内 22 个省、自治区、直辖市和香港特别行政区的众多旅游企业的上万种商品参展。松潘旅游展区上演了精彩的民歌艺术展演，湖北旅游代表团表演了富有地方文化特色的舞蹈，安庆市出演了黄梅戏。此外，"湘绣""徽雕""景德镇陶瓷""唐三彩""楚青铜器"等一大批享誉国内外的工艺品在旅博会上精彩亮相。这是对区域非物质文化遗产展演进行整合与互动体验的极佳实例。

最后，景点建设与产业链的延伸增值，提高非物质文化遗产资源的收益水平，强化非物质文化遗产的区域化与产业发展的外向化理念，走区域非物质文化遗产资源开发保护与资源产业化发展良性循环的道路。区域非物质文化遗产的发展要扩大化，最终要达到增值的效果，而实现增值的最有效的方法就是打造区域非物质文化遗产的旅游景点建设和产业链。这就需要确立把文化优势转化为经济优势的工作思路，把开发和保护区域非物质文化遗产与促进旅游业的发展紧密地结合起来，因为区域非物质文化遗产是历史承袭下来的文化资源，而历史文化资源本就是旅游业的基础。因此，应着眼于寻找区域非物质文化遗产与市场对接的契机，将向外延伸文化产业链和建设非物质文化遗产的区域性市场相结合，将自然景观与人文景观相结合，积极寻找区域非物质文化遗产与旅游业和文化产业开发的衔接点，打造好旅游景点，设计好旅游路线，挖掘好旅游点的文化内涵，实现区域非物质文化遗产与旅游业及文化产业的共赢。这其中，处理区域非物质文化遗产资源开发保护与区域非物质文化遗产资源产业化之间的关系是至关重要的。现在，景点建设介入区域非物质文化遗产，在很大程度上带来的是损害，成为一种文化经济化现象，或者说将文化变成一种商品、一种消费；而产业化更是一柄双刃剑，它以市场为基本取向，生产由市场进行调节，但由于价值规律作用的自发性、盲目性和局限性，在为区域非物质文化遗产的继承和弘扬带来良好机遇的同时，又使区域非物质文化遗产的保护面临危机。因此，对于区域非物质文化遗产资源，既要开发，也要保护，于保护中开发，于开发中保护。对区域非物质文化遗产产业开发的前提是保护，如果保护不好就没有开发的依据；如果一味地强调保护而忽略了开发，就会使区域非物质文化遗产失去应有的活力，走区域非物质文化遗产资源开发保护与区域非物质文化遗产资源产业化发展良性循环的路子才是最理想的选择。

3. 进行区域非物质文化遗产资源开发的支撑性体系的建设

区域非物质文化遗产资源的开发说到底仍需要各种平台的支持，而现在这些平台依然很缺乏，或者说平台的构建还不够完善。因此，进行区域非物质文化遗产资源开发的支撑性建设是对区域非物质文化遗产资源开发最好的鼓励。具体来说，区域非物质文化遗产资源开发要搭建以下六个平台：

第一，政策平台。主要是制定关于区域非物质文化遗产资源开发的法规政策，如制定各省区《非物质文化遗产保护办法》。区域非物质文化遗产的保护牵涉面广，涉及单位部门多。就各省而言，区域非物质文化遗产的界定、保护和管理原则、保护措施、开发利用规则、商品属性界限、版权问题，材料资源保护、政府主管部门和各相关职能部门的职责、奖惩措施等都必须有明确的法律政策依据，才能真正有效地保护区域非物质文化遗产。

第二，资金平台。可考虑通过政府拨款、吸纳非物质文化遗产资金等渠道，设立区域非物质文化遗产保护基金，用于非物质文化遗产的展示、交流、奖励等。

第三，人才平台。着眼未来，建立专业与业余相结合的保护工作队伍。区域非物质文化遗产往往被一些学有所长、爱好研究、颇有经验的专家艺人所把握，但这些人大都已年老退休。有关部门要采取措施，发挥他们的余热。同时，还要进行人才培训，建立区域非物质文化遗产技能培训基地。此外，还要建立人才激励机制，开展区域非物质文化遗产节、论坛、行业创新人物评选等活动，建立保护著名区域非物质文化遗产大师及人才培养的制度，设立优秀艺人、优秀传承人奖项等。

第四，信息传播平台。遵循广泛布点拉网的原则，辽阔的农村地域与繁华的市井是非物质文化遗产孕育的主要场所，哪里有人群生息和劳作，哪里就有区域非物质文化遗产的创造和传播。要在广大农村及市井之间充分建立区域非物质文化遗产搜集点，进行拉网式搜集，搞全面宣传与传播，扩大区域非物质文化遗产的传播范围，还可以建立统一的区域非物质文化遗产资源数据库，实现信息的交流和共享。

第五，理论研究与资源规划平台。建立相应的区域非物质文化遗产研究机构。专业人员可以深入非物质文化遗产艺人的生活中，了解传统非物质文化遗产与现代生活的结合与矛盾，并且选择专题项目进行挖掘与研究，把收集的资料转化为有价值的社会文化成果。在资源规划方面，要妥善处理好十大关系，即处理好文化事业与区域非物质文化遗产产业之间的轻重关系，事业为重，产业为轻；处理好抢救保护区域非物质文化遗产与产业发展的先后关系，抢保为先，产业为后；处理好区域非物质文化遗产与产品开发的本末关系，遗产为本，产品为末；处理好工业、农业、现代信息产业与区域非物质文化遗产产业的主辅关系，农工为主，民艺为辅；处理好政府倡导与企业发展之间的收纳关系，企业盈利，政府收税；处理好区域非物质文化遗产资源安全与开发之间的功利关系，开发为利，保全为功；处理好区域非物质文化遗产资源开发工作中学习国际惯例遵守法规与自我创新之间的上下关系，法规为上，创新为下；处理好区域非物质文化遗产产业与旅游事业统筹发展的纲目关系，旅游为纲，产品为目；处理好工业化生产与手工艺制作之间的源流关系，手工为源，工业为流；处理好本土文化开发与世界文化借鉴吸收的大小关系，本土为小，世界为大。

第六，交通、景观生态等环境支持平台。以景点旅游为载体，加速各类区域非物质文化遗产开发的产业化进程。河北环抱京津，身处有利的地理交通位置，对于发展面向京津的度假旅游和商务旅游有着广阔的前景，可以多研究、创作新产品，多出名牌精品，在质量上下功夫，在包装设计方面做文章，在实用性上动脑筋，逐步形成区域非物质文化遗产工艺制作、生产、展览、销售一条龙的文化产业格局。

在区域非物质文化遗产保护频频告急的今天，我们有义务也有责任挑起保护与抢救区域非物质文化遗产的重担，让它把中华民族博大精深的文化装扮得摇曳生辉，并在中国历史文化的历史发展长河中代代相传！

第四章　非物质文化遗产产业化开发战略

第一节　非物质文化遗产与旅游产业开发利益协调

一、利益协调机制构建原则

（一）合法性原则

对"合法性"（legitimacy）的理解，最早见于马克斯·韦伯（Max Weber）的理论，他提出权威的产生有三种合法来源，即个人和领导的魅力、传统以及法理。塔尔科特·帕森斯（Talcott Parsons）认为，"如果一个组织想要获得合法性，并因此使自己的社会资源诉求能够得到认可，那么这个组织所奉行的价值观就必须与更宽泛的社会价值观相一致"[①]，而"社会价值观"就是制度因素对组织制约的体现。合法性原则要求组织运行及个人行为必须要遵循一定的制度逻辑，其实质就是组织和个人自身获取合法性认同的问题。我国组织社会学学者赵孟营（2005）认为，组织合法性就是"组织内的权威结构的

[①]　斯科特．制度理论剖析 [M]．姚伟，译．上海：上海人民出版社，2008．

尊严性的确立。[①] 组织合法性又可以区分为两个层次，即组织内部合法性和组织外部合法性。在利益协调过程中，不同利益相关者代表的组织（或者个人）的合法性认同也应来源于两个方面，即来自外部（其他利益相关者组织或机构等）与内部（组织成员）的对其合作行动的认同。换言之，在组织或个人的行动与内外部已有的规范、价值与信念保持一致与协调的情况下，利益分配以及协调机制才被认定为是正确且恰当的，即具有了合法性。

就非物质文化遗产涉及的不同的利益相关者而言，这些组织或个人对合法性的需求程度、合法性的表现形式以及获取方式的看法存在着不同程度的差异。

（二）合理性原则

相对于合法性原则，我们可以从狭义和广义两个方面理解合理性原则的内涵。就狭义范围而言，可以将合理性界定为一种技术理性，按照约翰·L. 汤普森（John·L.Thompson）的观点，技术理性有工具性和经济性两个衡量标准。工具性问题的实质是设定的行为是否在事实上产生了预想的结果；经济性问题的实质在于结果是否是在必要资源耗费最少的基础上取得的。所以，合理性的判断标准就是合目的性和合效率性。[②] 因此，实现非物质文化遗产各利益相关者的"共赢"和"互利"就成为合理性原则的体现。当然，合理性并非无限理性，而是在有限理性范畴内的界定，所以单纯追求利益相关者群体或个人自身的"利益最大化"是有条件的，这也就意味着在某种程度上合理性受到来自外部环境（包括政治、经济、文化、法律等）力量的制约，是一种选择受限的合理性，

---

① 赵孟营.组织合法性:在组织理性与事实的社会组织之间[J].北京师范大学学报(社会科学版),2005(2)：119-125.

② （英）约翰·L.汤普森.愿景领导[M].王小兰等，译，沈阳：东北财经大学出版社，2003.

即这种合理性的达成是一种基于限定条件的满意状态，这就是对它的广义理解。由此，我们可以将非物质文化遗产利益协调机制的合理性原则理解为两个次级原则，即狭义上的效率原则以及广义上的满意原则。

同样地，我们也从两个层面对利益协调机制的合理性原则进行了分解，第一个层面称为外部合理性，是指利益协调机制应能满足不同利益者组织或群体合目的性以及合效率性的行动诉求，而不同利益相关者在互动过程中体现出的组织效率（效益）就构成了对其他利益相关者的外部合理性认同，体现的是一种组织理性。第二个层面称为内部合理性，是指利益协调机制应能满足利益相关者群体内部各参与组织成员的利益，而这种符合提升组织成员群体和个人效率诉求的合作行动就获得了对利益协调机制的内部合理性认同，体现的是一种个体理性。因此，非物质文化遗产利益协调的合理性应是外部与内部合理性协调统一后的结果。

然而，由于利益诉求的不同，非物质文化遗产的各个利益相关者对于合理性的需求程度以及合理性的诉求内容与获取原因的看法也是存在差别的。

二、非物质文化遗产旅游的利益相关者场域分析

本章旨在对非物质文化遗产旅游发展的利益协调机制进行深入的剖析，为此，一个重要的研究工作就是动态地考察由利益相关者构成的不同行动者在非物质文化遗产旅游发展和管理过程中的作用方式。一言以蔽之，考察利益协调机制这一根源性问题必须要进入"互动场域"之内，对代表不同利益相关者的行动者、权力、资源等要素及其互动关系进行具体的分析。

（一）非物质文化遗产旅游利益相关者互动场域要素构成

"场域"的概念，由法国著名社会学家布迪厄（Pierre Bourdieu）提出，他认为，从分析的角度来看，"一个场域可以被定义为在各种位置之间存在的客观关系的一个网络。这些位置的存在和它们对占据特定位置的行动者或制度所产生的决定性影响都是客观决定的；而决定这些位置的是它们在不同类型的权力（或资本）分配结构中实际的和潜在的处境，以及它们与其他位置之间的客观关系（支配关系、服从关系、结构上的对应关系等）"。[①] 从定义来看，行动者、权力以及资本（资源）这些要素已经成为分析场域的核心词汇。

本文所使用的"互动场域"，是不同利益相关者组织进行合作与互动的场所和平台，是"组织场域"的一种特殊形式。"组织场域"这一概念最早由迪马吉奥（DiMaggio）和鲍威尔（Powell）提出，是指那些由组织建构的、在总体上获得认可的一种制度生活领域，这些组织包括关键的供应者、资源和产品消费者、规制机构以及提供类似服务或产品的其他组织。只有在其制度轮廓形成时，场域才得以存在，而场域的制度轮廓的形成过程（结构化过程）由四个部分组成：场域中组织间互动程度的增加；组织之间明确的支配结构和联盟模式的出现；场域中的组织必须得到满足的信息量的增加；在共同参与某一任务的系列组织内部的参与者之间相互了解或共识的形成。互动场域也可以被视为这样的一个"公认的制度生活领域"。[②]

---

① （法）皮埃尔·布迪厄. 实践感 [M]. 蒋梓骅，译. 南京：译林出版社, 2003.
② （英）鲍威尔. 逼近理论和方法英文版 [M]. 北京 / 西安：世界图书出版公司, 2015.

1. 行动者

在互动场域内，行动者是场域的核心要素，他们是支配场域走向与决定场域性质的能动性行为主体。因此，行动者就成为利益协调机制构建的重要概念。

在现代法人组织中，自然人是以委托人或代理人的身份占据各个职位的。所有法人行动者都必须解决两个基本的问题：一个是把所有委托人的资源和利益集中，形成一个组织；另一个是把资源配置在由代理人组成的组织结构内，以实现委托人的利益。这样，社会行动的主体就包括了自然人、法人行动者以及作为法人行动者代理人的自然人。

非物质文化遗产旅游涉及不同的利益相关者组织，而这些组织中的法人行动者及其代理人的自然人就称为互动中的行动者，但这些代理人或自然人的功能性分工是各不相同的，因此，在借鉴法人行动者划分的基础上，笔者将利益相关者组织中的行动者划分为决策者和执行者这样两种主要的行动主体类型。

（1）决策者

决策者，往往是本组织法人行动者的代理人和领导者，他们决定着所在的组织是否选择合作与互动，即决定着是否进入互动场域，所以这类行动者掌握着互动过程的主导权，他们会根据所处的场域特征，特别是组织在互动场域中的地位来选择适应制度环境的方式。由于合作决策者的双重身份，他们的个人理性同组织理性基本是相容的，所以，此时个人的主观认知不起支配作用。换言之，决策者的权力受组织理性限制，这种限制往往来自于法人行动者的委托人。

（2）执行者

执行者，一般属于前面提到的自然人范畴，是所在组织进入互动场域后的真正行动主体和终极行动者，因而他们在非物质文化遗产旅游开发与管理过程中拥有实际的主导权，这种主导权不仅体现为合法性认同基础上的"合法身份认同"，是行动赋予的合法权力（公权力），同时，也体现为在个人认知基础上对合法性进行处置（维持或改造）的权利（私权利）。个人理性与现有的合法认同相容时，执行者会维持现状或在决策者制定的合法框架内行动；但当个人理性与现有的合法认同产生分歧和发生冲突时，这些执行者就会进行改造，合理性原则会超越合法性原则。

在非物质文化旅游利益相关者互动场域中，行动者似乎是一个不言而明的问题，但很多问题恰恰就是由于主体不确定产生的误导所致。在互动中，往往存在着名义主体和实质主体的差别，这其实就是前面提到的决策者与执行者的差别，而这些差别通常随着互动场域的变化也发生着主体的转换。一般而言，有三种典型的互动场域模式，而不同模式中的行动者角色和地位也存在差异。

模式一：传承人主导的互动模式中的行动者。在传承人作为主导的互动模式中，决策者通常包括传承人、政府及开发商，传承人对于决策具有较大的主导权。当然，并非绝对的主导权。在此模式下，传承人、政府以及开发商处于均衡的博弈状态。

模式二：政府主导的互动模式中的行动者。当政府成为传承人（包括社区）和开发商之间的重要纽带和中介时，其成为互动场域中的核心决策者，占据主导地位，传承人、开发商、游客以及其他利益相关者成为次要的决策者和执行者。

模式三：开发商主导的互动模式中的行动者。当开发商成为互动场域中的核心决策者时，合理性原则考量会大大超越合法性考量。此时，传承人、游客以及其他利益相关者成为次要的决策者和执行者，存在被动化和边缘化的趋势。

2. 权力

行动者在场域中如何发挥主体作用，这涉及体现其重要程度和要素意义的行动者权力。如何理解权力呢？法国学者克罗齐耶（Crozier）认为，权力是"行动者为了实现其决策而使另一个或另一组行动者有意或无意地提供资源的能力。或者说是行动者组织权力关系的能力。任何权力，不论它来自何种根源，不论它具备何种合法性，也不论它的实现方法如何，都蕴含着某个个体或群体对另一个个体或群体施加影响的可能性"。[①] 对他人施加的影响，其实就是与其产生了一种关系，在这种关系中，建立起了 A 对 B 的权力。因此，权力是一种关系，而不是行动者的某种属性。权力只能通过在某种关系中实施才能表现出来，而利益相关者的互动与合作关系就为权力的实施提供了平台。

对于非物质文化遗产中的不同利益相关者而言，不同的行动者具有不同的权力，互动的过程其实就是场域中支配着不同权力的行动者之间"博弈"的过程，

---

① （法）克罗齐耶，（法）费埃德伯格 . 行动者与系统：集体行动的政治学 [M]. 张月等，译 . 上海：上海人民出版社，2007.

以上已经划分出合作决策者和执行者这样两类行动者，接下来就需要分析他们各自具有怎样的权力。

（1）决策者的权力

决策者支配着两种主要的权力：一个是合作选择权，包括选择合作伙伴、合作方式、合作内容等；另一个是对互动与合作模式与制度进行最初设计和建构的权力。需要指出的是，决策者的这两种权力并非绝对化的权力，他受到来自于外部制度环境以及组织理性（外部合理性）的制约，在大多数情况下，决策者只是作为组织法人行动者的代理人。

决策者行使其合法权力时，为体现其合法地位并得到执行者的认同，往往会采取不同的策略和方式，其实就是将其权力合法化、制度化的过程，也可以理解为权威地位的建立过程。

但在体现权力合法性的同时，也要兼顾权力的合理性，也就是说，决策者在行使决策权时，要考虑到执行者的合理需求，即坚持合法性原则时，也要考虑其他利益相关者对合理性的诉求与满足程度。

（2）执行者的权力

执行者的权力一般包括：合法性原则赋予的合作执行权，以及合理性原则赋予的对互动与合作制度的能动建构权。

当决策者和执行者重合的时候，行动者兼有二者的权力，成为互动场域内重要的影响因素和主导力量。

我们说，不管具有什么样的权力，决策者和执行者行使自己权力的过程，其实就是同其他行动者进行"政治博弈",以维护自己合法、合理权力的过程。不论是合作决策者还是执行者,无论他们各自采用怎样的博弈方式,都遵循着这样一条权力的行动逻辑,即"理性的行动者"会利用组织赋予自身的权力来"获取有利的制度安排",或者说权力行使手段其实都是合法或合理原则驱动的结果。在非物质文化遗产利益相关者不同类型的主导模式和互动场域中,不同的行动者会根据不同的情况,采取不同的权力博弈策略,而此时决定策略选择的关键因素就是下面要谈到的另一种要素——资源。

3. 资源

互动虽然直观地表现为利益相关者组织内外部不同主体(决策者与执行者)间的权力活动,但权力实施背后的真正较量却是不同资源所有者之间的博弈。换言之,不同的资源是行动者、权力、组织互动以及合作的中介,这种资源可以称为互动与合作资源。资源在互动中的重要性如何体现?它能为行动者带来怎样的利益和权力呢?我们可以从科尔曼区分的三种不同的行动类型来更好地理解资源对于行动者的意义:第一种类型是行动者为了满足个人利益,控制着他能够从中获利的资源;第二种类型是行动者争取控制能使他获利最多的资源;第三种类型是行动者控制着能使自己获利的资源,但却对其进行单方转让。可见,第一种类型反映的是行动者对资源的所有权,第二种、第三种类型则体现了行动者对资源的处置权,而这正是不同利益相关者互动过程中的最为普遍的现象。

从形式来看,资源包括有形资源和无形资源。因为资源的稀缺性和非对等性特征，一个组织在其自身发展中无法独立地获取和提供所需要的全部资源，这就需要借助组织外部的资源。从组织分析的制度主义的视角出发，可以划分出两种类型的资源。

（1）制度资源

制度是一种体现合法性的资源。制度的制定者、决策者往往掌握着这一资源，制度包含规制性要素、规范性要素和文化—认知性要素，那么，制度资源也就可以划分为规制性制度资源、规范性制度资源以及文化—认知性制度资源。然而在现实中，这种对制度资源理论上的划分理解起来固然不成问题，但分析起来则需要借助一定的载体，或者说需要借助一定的制度传递者或者说传播媒介来加以分析更为合理。因为制度资源在互动与合作组织间的传递和互动，往往就附着于这些制度要素传递者，从表现形式上来看，传递者是制度资源的集聚和沉淀，这些传递者和媒介往往随着组织逐步地制度化和合法化而成为合法机制产生作用的垄断性资源。因而，传递者在这里也可以被视为一种制度资源。按照斯科特的观点，他将制度的传递者界定为符号系统、关系系统、惯例以及人工器物四种类型，他们借助不同的形式来呈现不同的制度要素。

（2）技术资源

如果说制度资源更多地体现的是一种符号资源或者说关系资源，那么，技术资源可以说是一种工具性资源，是利益相关者各方基于理性选择进行合作而预期提供的优势资源或获取的稀缺资源。技术资源既包括有形的（实体性）技术资源，如借助语言、文字、图像等媒介保存的技术资源、资金资源、土地资源等；也包括无形的（非实体性）技术资源，如信息资源和知识资源等。

在非物质文化遗产旅游发展过程中，不同利益相关者拥有的技术资源类型与表现形式是存在根本性的差异的。对于传承人而言，技术资源更多地具有非实体性的特征，即多以知识形态存在，而执行者通常是这些无形资源的持有者，而对这些资源的获取和补充是其他利益相关者（主要是政府和开发商）的直接动因。对于政府而言，除之前谈到的制度资源外，也包括由此派生出来的资金资源等有形资源；而资金和土地资源则是开发商的核心技术性资源。可见，谁拥有对方所需要的更多的技术资源，谁就将在互动与合作中掌握更多的主动权和话语权。因此，技术资源在一定程度上说就是一种稀缺性资源，而对稀缺资源的有效配置和利用是"理性人"和"经济人"理性选择下的合理行动结果。所以，合理性原则是拥有技术资源的行动者的第一原则。

另外，前面没有论述到的制度要素的传递者之一——人工器物，在此将其归入技术资源范畴内。什么是人工器物？约瑟夫·J.萨奇曼将其定义为"具体的、个别的物质客体，在自然环境或文化环境的影响下，人类活动有意识地生产和传播这些物质客体""最原始的人工器物通常是打制石器，而最先进的人工器物则是嵌入在硬件、软件中的复杂技术"。[1]这里，我们将人工器物理解为一种行动者不断发挥能动性和创造性而产生的技术和技能，而这种技术一旦得到大范围的推广，就会被固化，进而制度化（也就是合法化）。这其实揭示出了

① 崔玲玲,张天云,赵慧勤.萨奇曼探究模式下博物馆教育探究活动的实践探索[J].教育理论与实践,2023(35):29-32.

制度资源与技术资源存在的某种转化关系。这也提醒我们，要辩证地看待技术资源及其对不同利益相关者互动与合作的重要性。就非物质文化遗产而言，对技艺与知识形态的技术性资源的需求是政府与开发商选择合作的主要动因，但技术性资源的获取在一定程度上要以制度性资源作为条件。相对地，技术性资源的传递也要靠"传播者"，而制度资源就是一种有效的"传播者"和"媒介"。在拥有制度资源的前提下，才有利于组织更好地提供或获取技术资源，掌握合作的主导权；反之，技术资源上的优势也有利于补充和获取制度资源，技术资源可以被视作一种"人工器物"，作为制度资源的传播媒介。

综上所述，围绕互动场域的运行、变迁，笔者构建了一个解释互动场域内各类利益相关者组织之间以及组织内部各类行动者之间互动关系的模型。

（二）非物质文化遗产旅游利益相关者互动场域的类型

由于互动与合作内容方式有所差别，不同组织的角色和职能会随之发生交替和转换，因此互动场域也存在着不同程度的差别，由此就产生了不同的形式或类型。

以互动合作主导权主体作为划分维度，界定了三种主要的互动场域类型。之所以据此划分，是出于凸显组织行动者的考虑，因为行动者能动性发挥的基础和关键正是对主导权的支配和使用，而这里的"主导者"应与"发起者"相区别，发起者不一定拥有互动的主导权。这三种类型分别是：第一，供应者主导型互动场域。在此场域中，关键供应者凭借自身拥有的合作与互动伙伴需要的优势资源占据了主导地位，并决定着互动与合作规则以及利益相关者组织间的互动方式，产品消费者只能被动地接受这种制度框架的安排和限制，这类似于供大于求背景下形成的"卖方市场"，而规制机构的作用方式需视其与供应者的权力关系对比而定。第二，消费者主导型互动场域。在该场域中，产品消费者掌握着主导权，类似于一种"买方市场"，互动与合作规则主要由充当消费者角色的组织制定。与前一类型一样，规制机构的作用方式也要视其与消费者的权力关系对比而定。第三，规制机构主导型互动场域。在这一场域中，规制机构处于绝对的主导地位，而互动与合作中的规制机构，一般而言，包括政府、行业协会、相关利益团体组织等，供应者和消费者的行动规则由其制定。这一场域有着特定的实现条件，即合法性需求程度高的利益相关者组织才会完全受规制机构的限制，通过对制度和规则系统的适应来获取组织发展的各种资源。

据此划分标准，我们也可以对非物质文化遗产旅游利益相关者互动场域进行检视和分析，结合非物质文化遗产旅游的实际开展情况，笔者归纳出以下基本类型：

传承人主导型互动场域。这一互动场域中，传承人及其社区处于主导地位，政府履行规制机构的职责，进行规制的手段既可以是强制式的，也可以是诱导式的，这取决于场域中各利益相关者组织间的关系与地位结构。这一互动场域明显的特点是：传承人向开发商及政府的单向输出，输出的资源既包括制度资源也包括技术资源，这种体现为"主导——被主导"关系的合法性认同就使得传承人及社区一方扮演着"立法者"的角色。

开发商主导型互动场域。在这一场域中，传承人与开发商的位置和角色进行了互换。较之上一种类型，互动过程中对合理性利益的诉求占据主导地位。所以，为了避免合理原则导致的片面追求经济效益的短视行为，在这一场域中政府的规制作用就显得非常必要和重要了。这种规制作用就其实质而言，体现了规制性制度要素对组织的作用力。

政府主导型互动场域。出现这一互动场域大体而言有两种情况，第一种情况是作为规制机构的政府具有行使规制权力的合法保障和手段；第二种情况则是作为供应者和消费者的传承人和开发商在组织生产和技术方面具有高度的不确定性，需要外部社会的合法认同对组织的"生产效率"加以规范、制约和评估。

消费者主导型互动场域。这是一种理想状态的场域类型，目前，在我国非物质文化遗产旅游管理实践中还未有现实的例证。

第三方主导型互动场域。这同样是一种理想状态的场域类型。目前，在我国非物质文化遗产旅游管理实践中同样没有现实的例证。

三、非物质文化遗产旅游发展利益协调机制

根据组织间关系解释的相关理论，我们可以依据互动与合作进程，将非物质文化遗产旅游发展中利益相关者的利益协调机制分解为筛选、共享、信任以及反馈四个子机制。

筛选机制是初始作用机制，是保障互动与合作合法且合理生成的前提，包

括确定合作目标、筛选合作伙伴以及权衡合作模式。其中，确定合作目标与筛选合作伙伴的合理性考量更为明显，而合作模式的权衡则更侧重于合法性认同的有效建立。

共享机制是核心作用机制，是对合作合理性认同与生成的实践延伸，包括知识、信息和人员三个层面的共享，旨在在主要利益相关者之间建立起一种共享型的知识互动体系。

信任机制是持续作用机制，侧重于对合法性认同的强化、固化和内化过程，实质上也是不同利益相关者之间关系契约有效达成的过程。刘易斯（Lewis）等人认为，存在两种类型的信任关系，即认知型信任和情感型信任，其中认知型信任的产生是基于对合作对方能力、可靠性以及公平性的估计和评价，而情感型信任的产生是建立在情感型的依附以及考虑对方利益的基础上。[①] 可见，前者强调合作的合理性诉求，而后者旨在推进合作合法性（基于认知和情感建立起来的合作规范、价值观等）在利益相关者组织间以及组织内部的认同。在非物质文化遗产旅游发展过程中，需要把握和处理好这两种信任类型的转化关系，认知型信任应是基础和手段，而情感型信任则是目的和归宿。

反馈机制是自我检视机制，即各利益相关者组织及群体对合作效果的评估和检测，体现了管理科学中控制论和协同论的基本思想，其作用在于不仅从合理性上对合作效率进行评估，同时也是对合法性认同的强化过程，这种强化包括正强化和负强化两种类型。可见，该机制是互动与合作得以延续和深入的不

---

① 石美玉. 非物质文化遗产旅游发展战略研究 以北京为例[M]. 北京: 中国旅游出版社, 2015.

可或缺的保障，因为它不仅是当前互动的阶段性终结，更是未来合作的前导。

四、非物质文化遗产旅游发展利益协调策略

组织社会学理论告诉我们，组织在面对不同的环境压力时，并非只能被动地适应，可以选择多元化的应对策略。按照组织能动性程度的不同，通常可以划分为适应性策略、协同性策略以及建构性策略。下面我们就从不同策略的运用角度来分析如何更好地进行利益协调。

（一）适应性策略

适应性策略的行动逻辑就是组织要顺应外部环境的要求，对于非物质文化遗产旅游中的不同利益相关者组织而言，这里的适应性策略更多地体现为组织对合法性的"顺应"与"迎合"，即促进外部合法认同与内部合法认同的行动策略。

（1）促进利益相关者组织间的文化互动

在非物质文化遗产旅游发展过程中，互动与合作合法认同障碍往往体现为组织文化上的冲突。为什么说组织文化冲突是制度惰性产生的合法性错位呢？这需要从组织文化的内涵谈起。埃德加·沙因（Edgar H. Schein）认为组织文化是"一个既存团体在学习处理外在适应与内在统整问题时，创造、发明或发展出来的基本假定形态，其运作被视为有效，并被教导给新成员，作为知觉、思考、感觉相关问题的正确方式"。[1] 我国学者范国睿则作了这样的界定，"组

---

① Schein, E. H. (1990), Organizational Culture,i1990,p.113. Schein, E. H. (1992), Organizational culture and leadership,San Francisco:Jossey-Bass,2nd edition(1st edition,1985）.

织文化就是指某一特定组织所独有的、为所有组织成员共同持有的价值、信念、规范、基本假设与行为形态的综合体系，组织文化通常可以通过组织内精神、制度、物质等方面的要素表现出来，如组织的理念、愿景、使命、信念、价值、态度、假设，组织规范与组织制度，组织仪式、故事、传说、英雄人物事迹，组织符号、口号、标识物，以及组织运作程序与模式等"[①]。就此而言，组织文化的内涵与制度具有高度的相关性和相似性，也就是说组织文化体现了合法性的制度要素。所以，在一定意义上说，文化就是一种制度资源。

又该如何理解文化互动呢？文化互动是指不同组织的文化在合作中，经过交流、彼此影响、相互吸收、相互融合等方式，弱化相互之间的差异和冲突，扩大不同组织之间的文化共识，趋向于形成共同文化的过程。

文化互动可以从以下四个维度来理解：第一，文化学视角。文化互动就是以己方文化视角去审视他方文化，并且在理解他方文化的基础上反观自身的文化。可见，文化互动需要相互尊重。第二，哲学价值观视角。文化互动本质上是世界观、意识形态、价值取向、社会规范以及行为意志等方面的交流，它促进共同愿景与共同价值的形成，培养合作意识。第三，传播学视角。文化互动是信息发送者通过渠道把信息传输给接收者，即传送者传递刺激以影响接收者认知、情感、态度和行为的过程。第四，符号学视角。文化互动的实质就是特定社会主体通过符号扮演社会角色，表达社会身份，交流各自的文化取向，协调相互间的权势或统一性关系，传递各自的信仰、价值观以及规范等。其中，哲学价值观和符号学的视角正是塑造和传播规范性和文化认知性制度要素的

---

① 范国睿.学校管理的理论与实务［M］.上海：华东师范大学出版社，2003.

体现。

如前所述，既然组织文化具有制度要素的特征，那么，文化互动就可以看作一种制度要素的传播媒介。简而言之，文化互动的过程就是达成组织间外部合法性与内部合法性一致性的过程，实质上就是一种制度化（合法化）的过程。而对于不同的利益相关者而言，文化互动就是借助组织间的文化融合来消除互动与合作中的文化冲突，形成合法认同。所以，文化互动既可以视为一种合作的形式（方式），也可以看成是一种传递合作资源的媒介，它传递的不仅是制度资源，也传递着技术资源，因为组织文化本身就是以知识为载体的一种技术性合作资源。

（2）获取执行者的内部认同

我们知道，合法认同的目的在于产生有效的制度化和组织化，而制度化的实现过程最终体现为一种组织成员（执行者）将制度内化并形成内部合法认同的过程。这里提出的获取执行者的内部认同，在本质上，体现为执行者的共同信念以及共同的行为逻辑，而这就需要分析和考察非物质文化遗产旅游中不同利益相关者组织中具体执行者的认知基础。一方面，发挥价值引领和规范引导对内部合法认同的作用。所谓价值引领，就是要激发传承人对自我角色的社会责任感，这种来自于规范的作用会强化教授者的自我认知，自我反思，发现不足，进行提高和改进，这时积极寻求合作的动机就成为产生合法认同的认知基础。所以，应通过适合的方式和途径来进行价值引领和规范引导，而这种价值引领就会形成积极正面的身份认同，这其实也是一种对互动与合作合法性的认同。

另一方面，内部合法性认同的建立，也需要组织内部显性制度发挥作用，这就需要通过相应的制度建设与机构设置来为不同利益相关者组织内部合法性的获取创造有利的制度环境。

（二）协同性策略

在适应性策略取得各利益相关者组织内、外部的合法认同后，面临的一个新问题就是如何融合合法性与合理性的问题。如果不能实现组织及其成员的合理诉求，仅靠合法认同利益协调机制是无法持续下去并产生实效的。所以，组织会遵循合理原则，能动地与外部环境、合作伙伴互动，并试图控制和协调某些环境因素，我们可称之为协同性策略。

（1）建立基于合理性的信任关系

信任关系的建立旨在更好地协调各利益相关者组织对合法性的认同并实现合作的合理性。信任是保证合作进行的关键因素，信任是对合作关系的肯定，也是合作目标达成的核心要素。一般而言，建立信任关系需要两个必备条件，即存在不确定性或危险和存在积极的预期，合作的"不确定性或危险"是任何组织间关系都可能会出现的问题，最主要的不确定性或危险来自于双方用于交换的技术资源的可靠性以及有效性，而这在合作初期是无法准确判断的。在院校合作中，这种不确定性主要体现为知识资源利用率的不确定。所以，就需要依靠"积极的预期"来降低合作的不确定性。那么，非物质文化遗产旅游中的信任是如何作用于不同利益相关者组织的？它是如何来调和合法性与合理性间的矛盾的呢？回答这一问题，首先需要考察信任的产生基础。

可见，信任的产生既有理性选择的成分，也有主观感知的成分。其中，认知信任的产生是基于对对方能力、可靠性以及公平性的估计和评价，而情感信任的产生是建立在情感型的依附以及考虑对方利益的基础上。这两种信任类型的作用机制是不同的，前者强调合作的合理性（基于成本—收益的考量），而后者突出合作的合法性（基于认知和情感建立起来的合作规范、价值观等），这两种信任机制共同支配着合作的进程，由此，合作中的合法性与合理性矛盾也就随之得以化解了。

具体到非物质文化遗产旅游中，应把握和处理好这两种信任机制之间的转化关系，认知信任，即合理性考量应是基础和手段，而情感信任则是目的和归宿。所以，决策者应积极引导各方情感信任关系的建立，但情感信任的形成应建立在体现和实现各方不同合理诉求的基础上。也就是说，信任关系的建立应立足于利益相关者组织各方合理互惠的认知信任，这样，朝着情感信任方向的努力才会更有保障。

以上分析了组织层面信任机制的产生和作用，但似乎忽略了组织内部信任关系的建立，这就涉及组织信任与个人信任的关系。毋庸置疑，组织信任的起点正是个人信任，组织间信任关系的建立，首先应是各方执行者之间个人信任的建立过程，唯有如此，组织信任才能达成。所以，在非物质文化遗产旅游中，应更好地引导各方执行者之间的个人信任，这是组织信任形成的基础。

（2）建立共享型的知识互动体系

非物质文化遗产旅游中不同利益相关者的互动关系，主要是通过技术资源的传递和共享来实现的，而这种技术资源往往是以技艺和知识形态出现的，合作的成果体现为非物质文化遗产商品的开发，而这也是合理原则的作用体现。然而，对于知识形态的技术资源而言，其在组织间传播的过程其实同时也是一个知识更新和创新的过程，而经过创新后产生的知识资源"增量"往往不能由任何一方独占，而应共同持有，这就涉及知识的共享与分配问题。

对于非物质文化遗产旅游中的各个利益相关者组织而言，它们有着各自不同的组织文化，因而，组织间知识的传播和互动其实也是一种文化互动的方式，而不同的文化互动方式有着不同的传播特点。在前面提到的文化互动的扩散和消化模式下，知识的传播更多地体现为一种单向的交流；而在分化模式下，更多的是知识的双向交换。这三种模式只能产生文化的趋同，而这种趋同只是不同的知识利用形式而言，谈不上知识开发，而只有在融化模式下，才能产生文化的转化以及共同创新。所以，文化互动的结果不仅是互动下的"知识交换"，而希望能够产生互动下的"知识创新"。这也是合作的发展趋势和价值体现。

（三）建构性策略

如果说协同性策略较之适应性策略更能凸显不同利益相关者组织对于环境的能动性，那么，这里所说的建构性策略又是对协同性策略的超越，它需要最大限度地发挥互动与合作主体（组织及其行动者）的能动性与自主性，这也就意味着合作组织及其行动者不再是被动地适应环境和控制环境，而是要主动地改造并建构适于利益协调机制长效开展的组织环境。

随着组织环境的变化，互动与合作的模式和组织行动也进行着相应的变迁和设计。从发展预期来看，它应该是一个不断朝着有序化和结构化方向发展的过程，即系统论中的自组织过程。

赫尔曼·哈肯（Hermann Haken）将自组织定义为："如果一个体系在获得空间的、时间的或功能的结构过程中，没有外界的特定干扰，我们便说该体系是自组织的。这里'特定'一词是指那种结构或功能并非外界强加给体系的，而且外界是以非特定的方式作用于体系的。"① 换言之，自组织是指一个系统在内在机制的驱动下，自行从简单向复杂、从粗糙向细致方向发展，不断地提高自身的复杂度和精细度的过程，与其相对的概念是他组织（或被组织）。

就非物质文化遗产旅游利益相关者互动场域而言，其实质是由不同的互动与合作组织和机构组成的合作系统，而不断提高自身复杂度和精细度的过程其实就是不断地对利益协调机制的建构过程。虽然前面的模型提出了互动过程是一个"制度供给—制度输入—制度建构"的单次循环过程，但我们不应忽略这样一个现实的问题：环境处在变化中，组织同样也处在变化中，所以按照自组织的观点，这种"单次"循环应更新为"n 次"循环的持续进行的过程，这一过程其实就是不断自组织的过程。

那么，如何来提升非物质文化遗产旅游利益相关者利益协调机制这一运行系统的自组织程度呢？本文认为，通过对自组织系统具有的行为模式特征的考察，可以为实现自组织化提供启示。这些特征包括：第一，信息共享。系统中

---

① （德）H.哈肯.信息与自组织 复杂系统的宏观方法 [M].本书翻译组，译.成都：四川教育出版社，2010.

每一个单元都掌握全套的"游戏规则"和行为准则。第二，单元自律。组织系统的组成单元具有独立决策的能力，在"游戏规则"约束下，每个单元有权决定自己的对策与行动。第三，短程通信。每个单元在决定自己的对策和行动时，除根据自身状态外，还要了解邻近单元的状态。第四，微观决策。每个单元所做的决策只是自己的行为，所有单元行为的总和决定整个系统的宏观行为。第五，并行操作。每个单元的决策和行动是并行的，无须排队决定决策与行动的先后顺序。第六，整体协调。在诸单元并行决策和行动的情况下，系统结构和"游戏规则"保证了整个系统的协调一致性和稳定性。第七，迭代趋优。自组织的宏观调整和演化并非一蹴而就，而是在反复迭代中不断趋于优化的过程。事实上，这类系统一般无法达到平衡，而往往处在远离平衡态的区域进行永无休止的调整和演化。

考察这些自组织的特征，我们发现，在非物质文化遗产旅游的互动与合作过程中，这些特征并没有得到充分的体现。仅以前两项信息共享和单元自律为例就能说明合作还远未摆脱他组织的状态，合作系统中并不是每一个单元，如传承人，都能掌握全套的"游戏规则"和行为准则，他们获得的信息往往是经过"筛选"的；此外，在"游戏规则"的约束下，也不是每个单元都有权决定自己的对策与行动。所以，在对自组织发展趋势保持信心的同时，我们更应该看到自组织"迭代趋优"的特征，应把非物质文化遗产旅游中不同利益相关者组织的互动与合作过程看成是处在远离平衡态状况下进行的持续的调整和演化过程。这个不断演化和发展的过程其实就是构建合作秩序的过程，而构建合作秩序的方式也就体现为不同的演化方式和路径。通常，演化的路径有三个主要的备选项：第一，经过临界点或临界区域的演化路径，这一路径所产生的结果最为丰富和复杂；第二，演化的间断性道路，会有大的跌宕起伏，常常出现突发事件，其间大部分情况可以预测，但有些区域和结构点无法预测；第三，渐进的演化道路，平稳演化是大部分时间所采取的基本演化方式和路径，没有大的变化，路径基本可以预测。就非物质文化遗产旅游互动与合作而言，我们可以发现，合作制度的演进一般采取的是第三条道路，即平稳地过渡和演化，虽然历时较长，但却保证了合作模式的逐步升级和扩展。而第一种和第二种路径选择更为激进，并不适合非物质文化遗产旅游中利益相关者组织行动。

此外，自组织的内涵，还与哈耶克（Hayek）提出的两种秩序具有相似性，即建构秩序和自发秩序，而合作秩序也体现了这两种秩序逻辑的特征，合作是一种由人即行动者为主要要素构成的系统。所以，若想使非物质文化遗产旅游利益相关者之间的互动与利益协调达到自组织状态，在很大程度上取决于执行者（主要是传承人、政府和开发商）构建合作秩序的能力，而执行者构建合作秩序的能力体现为能否形成一种自组织团队，即由两个以上成员，具有共同的、有价值的愿景（目标、任务），成员之间相互作用、相互合作、相互适应，能够根据环境的变化进行自发、自主的自我调节，具有开放性特征的团队组织。显然，目前这种自组织团队还远未形成。

第二节　非物质文化遗产与旅游产业融合发展的关注点

在景区不能再依靠政府支持的时代，必须寻找其他方式来保存自然和文化景观。应用"使用者支付"原则，确保从游览景区获益的旅游者为景区的保养付费，这是完全合理的。同时，景区管理者不能过分依赖这项收入来源。旅游业是一个敏感的产业，会由于国内或国际的政治经济因素和目的地吸引力的变化而产生波动。一些世界遗产体量太小，可进入性不强或实力不足，无法接待超出预算的大量游客。因此景区管理者必须面对现实，充分了解旅游业运转的规则。

当然，旅游业的兴旺也会带来过度拥挤、景区建筑物损毁等不利影响，但是有一些保护措施可以解决这些问题。在今后，资金来源多元化和实施企业化管理可能会越来越普遍。同时，对保护政策的制定者和遗产管理者来说，这样一种认识是十分重要的，当旅游业需要他们源源不断地提供吸引物的同时，旅游部门不能仅仅提供资金，还要提供景区作为世界遗产的组成部分而继续留存的理由。

（一）遗产与旅游的平衡

随着旅游业的发展，如何寻求遗产保护与旅游发展之间的平衡显得至关重要。通过合理采用游客管理手段，使旅游规划和游客管理成为遗产旅游开发的重点，最终保证在不降低游客可进入性的情况下保持遗产的原真性。

（二）遗产旅游对游客的影响

应该强调的是，尽管有人认为旅游往往是遗产地发展过程中的"伴随现象"（accompanying phenomenon），但是旅游对遗产地经济发展所产生的影响无时不在、无处不在。遗产地管理者需要了解何种旅游者前来光顾、旅游者的行为模式和未来几年里影响游客量的市场趋势。遗产地需要自身不断变化以给人新鲜感，增强游客前来光顾的吸引力。管理者要及时制止可能给遗产地品牌形象带来损害的游客行为，并对游客进行说服教育从而改变游客的行为方式。根据旅游者的情况不同，迈克科切和杜克劳斯对文化旅游者进行了细分，有喜欢"深度文化体验"的"目的型文化旅游者"，也有旅游动机最初不是文化体验但后来是文化体验的"偶然型文化旅游者"（通常体验的是表层文化）。遗产地管理者需要了解这几种不同的文化旅游者，并且进行更深入的调查研究。

（三）世界遗产地的标志特色

对于遗产景点来说，获得联合国教科文组织的认定意味着获得区别于其他景点的重要标志。由于旅游业从地方到全国、从国内到国外都处于白热化竞争状态，任何一种可以有别于竞争对手的特色都会受到热烈追捧。这种表示高质量的外在的识别标志逐渐成为遗产地市场竞争的重要方式。

（四）品牌市场价值的缩水

随着世界遗产名录的扩大，遗产品牌的价值在未来面临饱和的可能。世界遗产品牌的滥用很可能会导致品牌市场价值的缩水，从而会导致遗产特质对市场的影响力降低。与此同时，遗产地商业化的负面影响将越来越明显。这样也许会最终导致又一轮"精英"名单的评选，评选程序将重新开始。

（五）品牌的维护

在遗产地品牌的经营和维护过程中，投资者和经营者应当清楚将会面临的种种困难。需要指出的一个问题是，由于遗产的利用程度在世界各地甚至地区各地都不同，准确的市场定位是难以做到的。迄今为止，即使有联合国教科文组织给予运营指导，品牌的错误使用和错误表达的案例比比皆是。为了做到品牌的可持续使用，要开发有特色的资源，组织与众不同的旅游事件。

（六）投资商管理

选择好的投资商非常重要，同时要将投资商可能带来的障碍最小化。作为一般吸引物，不能只由经济利益驱动。应当由国家政府部门及其代理机构开发、展示遗产地多姿多彩的地域文化特色。遗产地需要有效的策略来管理庞大的、经常带来麻烦的投资者团体。

（七）经济利益

应该说许多遗产地还没有充分利用旅游业获得经济利益。既然旅游业是遗产地产业组成部分，那么管理者需要付出更多的努力，从旅游业中为当地社会获取经济利益。

（八）景点管理

安全管理对于景区尤其是世界遗产地很重要。景区要非常关注统计样本的变化和核心市场的休闲趋势以及有竞争力的核心资源。接待大量游客的遗产地要长期发展，就必须做到景区的"目的地"化。显然，越大的目的地越需要整体考虑，设施设备、接待水平要能满足大量游客的住宿、餐饮、娱乐等需求。最后，遗产地管理者要懂得充分利用信息交流技术（ICT，Information and Communication Technology）开发适合遗产资源特性的旅游产品。

（九）市场营销

遗产地不仅需要更加有效的包装，还要采用更具创新性的方法开发遗产资源，跨区域拓展、与其他旅游目的地运营商合作，从旅游业中获得更大的收益。

第五章　非物质文化遗产的多维创新发展路径

近年来，非物质文化遗产与文创产业在相互促进、相互借力借势中融合发展，在这种发展趋势下，部分非物质文化遗产项目找到了"生产性保护"和"产业化发展"的实施路径，文创产业也得到了非物质文化遗产的 IP 支撑和文化赋能。从长远来看，非物质文化遗产的传承与保护任重而道远，随着社会的发展，其传承与保护路径要不断创新才能满足需求；而文创产业逐渐成为国民经济的支柱产业，伴随着经济结构的调整，在当前创意经济驱动下，文创产业的增长空间和增长潜力巨大。作为传统文化、传统智慧的结晶，非物质文化遗产融入文创产业的发展也有广阔的空间。

第一节　非物质文化遗产+主题商业街区创新发展

一、商业街区的形态及收益模式

（一）商业街区的形态

随着中国城市化的发展，商业街区作为城市重要的商业服务业以及文化旅游业功能配套，呈现出丰富多彩的形态。目前城市商业街区的主要形态有三种：

一是临街商业。这种商业形态呈现出带状的特征，以住宅底商、沿街商铺为主要形式，以生活服务业态为主。其辐射能力不强，主要服务于周边居民，具有路过性而非目的性的消费特征。二是集中商业。随着城市土地资源的稀缺，城市商业呈现出集中的趋势，以大型商业综合体、大型集中复合商业街区为主要形态，具有典型的目的性消费的特征。集中商业在空间形态上体现为垂直空间的整合利用，在商业定位上凸显差异化的商业主题或号召性的商业资源。三是占地面积大的主题商业街区。这种商业形态一般处于城市规划中低容积率的区域（如生态缓冲区），或是邻近景区、文保单位等。这种商业形态具备非常明确的主题，承载旅游服务功能或城市文化休闲娱乐功能。

（二）收益模式

商业物业是高成本的物业。其原因在于：第一，商业物业的价值取决于地段，商业价值越高的区域，其土地成本越高。第二，商业建筑本身的建设装修成本也比其他物业要高得多。第三，商业特别是集中商业，有大量的非直接经营面积的公共空间，如厕所、通道等。为体现消费的舒适性，越是高端的商业物业，其公共空间的面积越大。这些公共空间作为公摊摊入了经营面积，也间接地增加了物业成本。第四，商业物业的日常运营维护成本也比较高昂（物业管理能耗等）。因此，商业运营的模式无非是高客单价模式（单次消费高，以质取胜）、高人流量模式（低消费，高人流量）或是二者的结合（在空间上以平面及垂直关系划分区域）。

在商业物业的收益方面，主要以物业租金收益衡量其投资回报价值。租金的高低也反映了商业的经营水平。因此，商业街区自身的定位、空间规划、对商业业态的吸引力、商业的品质和消费的舒适体验性等成为商业经营的重要影响因素。而随着城市商业竞争越来越激烈，社会消费的精神消费特征越来越明显，城市商业的主题定位显得愈加重要。

二、文化对商业的赋能

在商业街区竞争越来越激烈的背景下，为更好地吸纳商家入驻，满足社会日益增长的精神消费需求，体现商业街区的主题差异性、消费的舒适与体验性，增强目的性消费的特征，文化进入了商业街区打造的视野，其原因在于：文化具有多样性，可以细分到多个领域；文化与品质、格调具有内在联系；文化具有主题性，细分文化领域更能锁定精准用户；在文化主题之下营造的商业氛围具有消费体验感；文化具有参与性与体验性。

在文化对商业较强的赋能下，非物质文化遗产也成为商业街区的一大主题。非物质文化遗产有多个类别，每个类别都有众多的商业业态；非物质文化遗产传统文化特征与当下社会生活存在距离从而产生新奇感；非物质文化遗产参与体验性、展演与演艺性等，能充分满足主题商业的需求，而且其目的性消费特征更为明显。因此，近年来我国涌现了多个非物质文化遗产文化主题的商业街区。

三、典型案例：成都文殊坊

成都文殊坊是典型的非物质文化遗产主题商业街区，紧邻知名的寺庙文殊院。文殊坊位于成都市中心偏北，邻人民中路三段，一环路以内。根据规划其四至为：东至北大街、草市街，南至白家塘街、通顺桥街，西至人民中路，北至大安西路，规划用地面积 33.25 公顷。文殊坊依托著名的佛教寺院文殊院而打造，其建筑形态以川西民居风格为主，色彩以青灰色为主，建筑高度在 3 层以内，坡屋顶、木穿斗结构。多用木、石、石灰、小青瓦等本土材质。建筑形态以"四合头"房庭院为主，建筑立面及平面灵活多变，多用檐廊、连廊等组合连接，形成街坊。自开街以来，吸纳了众多外地游客和本地消费人群，成为成都城市旅游的一大目的地。

2012 年以来，文殊坊积极引入了多个非物质文化遗产项目，其中以传统美术和传统技艺类非物质文化遗产项目为主，有蜀锦、蜀绣、竹编、漆器、砚台、银花丝、传统美食、藏香、嘉绒彩塑等项目，在商家入驻方面有成都漆器、刘氏竹编、道安银花丝、藏羌绣、蜀江锦院、蜀锦工艺品厂、自贡龚扇等，由此成为成都知名的非物质文化遗产聚集区域，同时带动了大量餐饮、旅游服务、工艺品销售等业态入驻。

文殊坊以"文创产业地标和创新消费引擎"为总体发展定位，将以文化休闲旅游为主的城市游憩功能、城市商务功能和城市居住功能相融合，通过扩大空间范围、整合并引进国际国内文创产业资源，形成包括文化演艺组团、文创科技组团、文化艺术组团和创新消费组团四大组团，将文殊坊片区打造成特色鲜明、整合力强、创新活跃的成都文创圈，形成以传统文化为灵魂、创意产业为引擎、创新消费为支持的历史文化名城旅游目的地。

纵观文殊坊商业街区的发展历程，规划建设之初以佛禅文化为商业主题，经营效果不佳，从而重新定位商业主题，将非物质文化遗产作为商业文化主题。随着非物质文化遗产业态的入驻，街区形成了鲜明的文化特征，带动了其他消费业态入驻，推动了文殊坊商业街区的发展，并成为城市旅游目的地和城市休闲娱乐区域。这说明非物质文化遗产与商业街区结合是可行的、具有生命力的。在新的历史条件下，依托文殊坊非物质文化遗产主题商业街区，充分发挥其辐射与带动作用，并与文创结合，将文殊坊片区打造成成都的"文创产业地标"，形成完善的非物质文化遗产文化—文创—消费产业链条，这是"非物质文化遗产＋主题商业街区"到产业聚集区的新的实践。

第二节　非物质文化遗产+旅游景区创新发展

一、非物质文化遗产与旅游景区的融合发展

近年来，非物质文化遗产与旅游的结合增强了游客的文化体验，同时也为非物质文化遗产"活"起来开辟了新路径。非物质文化遗产与旅游"联姻牵手"，更好地释放出非物质文化遗产的文化价值和旅游价值，同时也为旅游增添了更多精彩。非物质文化遗产进景区，不仅能让文化留住游客，还能让游客带走文化，而这些景点所具有的特殊历史价值和难以估量的文化精神，带给游客的不仅仅是感官的愉悦，更是精神的滋养。

长安大学旅游规划院院长丁华教授认为："在新机遇和新形势下，要科学

促进非物质文化遗产和旅游的融合需要做好以下三个方面的工作。一是深入挖掘非物质文化遗产的历史文化内涵。对区域范围内的非物质文化遗产要注意历史性、地方性和特色性，要挖掘非物质文化遗产的文化符号、形式、实物和场所，找到非物质文化遗产文化根植的价值观念及核心思维。二是通过创新增强非物质文化遗产的旅游活力，使传统的非物质文化遗产与现代生活发生碰撞或共鸣，满足游客求新求异的体验需求。三是建立合理的利益分配机制和传承机制。充分考虑非物质文化遗产传承人的生活生产需求，通过合理的利益分配和传承机制，促进非物质文化遗产与旅游的持续推进。"[①]

二、典型案例：道明镇竹编主题乡村旅游区

（一）道明镇竹编主题乡村旅游区综述

道明镇位于四川省崇州市西北部，距成都市区约 60 千米。辖区面积 72.07 平方千米，总人口约 50000 人。道明镇处于丘陵与平原的接合地带，丘陵与平原地貌各占 50%。区域内植物多样，生态环境良好。道明镇距成都市区约 1 个小时车程。境内交通发达，紧邻成温邛高速，川西旅游环线穿境而过，并有国内最美的乡村公路之一——重庆路。基于良好的区位优势及交通基础设施，道明镇已成为成都近郊游、乡村游的旅游目的地。

---

① 　陈小玮.乡村旅游中的陕西现象——对话长安大学旅游规划设计研究所所长丁华[J].新西部,2017(14)：35-36.

（二）道明竹编项目基本情况

1. 国家级非物质文化遗产名录项目

非物质文化遗产道明竹编历史悠久，已有 2000 余年的历史。由于道明镇盛产竹子，当地居民多用竹为原料制作生产生活用品。清朝以来道明镇竹编经历了由粗到精、由简到繁的发展过程。现已创新发展出立体竹编、平面竹编、瓷胎竹编三大体系，及其中的各式匏、篮、盘、碗、瓶、盒、灯、字、画、茶具等数十个大类，上千个花色品种。2014 年，道明竹编入选第四批国家级非物质文化遗产名录。目前道明镇有四川省级非物质文化遗产竹编传承人 3 人，成都市级传承人 2 人，崇州市级传承人 21 人。

2. 崇州及道明镇的旅游特征分析

（1）乡村游、近郊游目的地。

崇州市依托山水田园资源及古镇进行乡村游、近郊游开发，成为成都周边知名的乡村旅游近郊旅游目的地。游客主要来自成都市区，目前景点有重庆路、白塔湖、街子古镇、元通古镇、柑木河湿地公园等。目前前往崇州的游客主要目的地是街子古镇。重庆路的知名度远高于道明镇，但游客主要集中在春季赏花期间。访谈中，游客大多认为除了重庆路春季赏花外无其他特色，且游客接待设施较为低端，限制了乡村旅游的发展。

（2）以线带面，发展乡村旅游业。

①川西旅游环线。

川西旅游环线经过崇州市及道明镇，将崇州市几大知名景点如街子古镇、怀远、重庆路等串联起来。

②稻香旅游环线。

崇州市规划建设了长约 60 千米的"稻香旅游环线"，串起川西新农村，进一步推动了区域内乡村旅游的发展。

③登山健身步道。

2016 年年底，崇州市在王场镇、道明镇建设了 38 千米的登山健身步道，将水系、山体、田园、林盘、历史文化古迹相连接，依托步道开展旅游基础设施及配套设施的建设。

（3）道明镇的旅游特征：季节性强。

目前道明镇最为知名的景点为有着"中国最美乡村公路"之称的重庆路。这是一条春季赏花的线路，因此，道明镇的旅游旺季是春季 3—5 月份，呈现出非常强的季节性特征。这也说明道明镇在旅游开发上还面临较大的发展空间，在旅游产品、旅游项目上还有很大的潜力。

（4）道明镇旅游发展中存在的问题：旅游配套设施层次较低。

在道明镇游客集中的区域重庆路一带，分布着众多的农家乐，这是主要的旅游接待设施。但由于游客的季节性特征，这些农家乐在淡季时均不营业。而且中高端旅游服务设施比较欠缺，目前仅"竹里"的硬件设施及服务水平较高。

三、案例借鉴

（一）非物质文化遗产具有作为旅游号召性资源的能力

从道明镇的旅游规划与实践可以看出，道明镇对以非物质文化遗产项目竹编为核心的旅游资源进行开发，围绕竹编工艺引进竹编艺人、艺术家群体、文创开发及发展旅游服务，如精品民宿、餐饮、休闲娱乐等，打造具有文化独特性的乡村旅游、近郊旅游景区，这给我们两方面的启示：第一，非物质文化遗产资源具有成为核心旅游资源的能力；第二，非物质文化遗产资源的独特性、地域性特征，在旅游开发上具有文化独特性、差异化的优势。

（二）非物质文化遗产产业的跨界发展与延伸

目前道明竹编已具有良好的产业基础，并有效地带动了大量当地及周边居民的就业与收入。道明镇在打造竹编主题旅游区域时，广泛运用竹编元素、产品及竹文化，将竹编工艺与旅游、环境及室内外装饰工程深度结合，这对非物质文化遗产技艺而言是一种推动与促进：非物质文化遗产项目竹编不仅仅被作为手工艺品，而且成为旅游纪念品、环境景观装饰艺术、软装装饰品、建筑空间等形态，丰富了非物质文化遗产产品的外延，这对非物质文化遗产技艺的传承与创新而言具有重要的意义。

（三）政府的大力扶持

道明竹编的成功与政府的强力支持分不开。政府将非物质文化遗产项目竹编作为重点产业进行扶持，从资金、人才、对外合作与交流、教育、旅游、规划等各个方面予以支持，并将竹编作为旅游环线上的重要节点以及作为主题旅游景区进行规划建设，这有效地、有力地推动了"非物质文化遗产＋旅游"的发展。

（四）实现"非物质文化遗产＋旅游"实践的基础

各地都有非物质文化遗产项目，但能否有效地将"非物质文化遗产＋旅游"模式进行实践，这与非物质文化遗产项目本身的产业基础有关，与其社会影响力、社会经济效益也有关。"非物质文化遗产＋旅游"中，非物质文化遗产是基础。若非物质文化遗产本身发展不足，影响力及带动性不够的话，"非物质文化遗产＋旅游"仅停留在口号上，无法实质性地提供旅游氛围、产品及体验，从而难以落地。而道明竹编通过"协会＋专业合作社""大户＋散户""公司＋农户"等多种形式，充分运用市场经济手段和政府的调控政策，壮大了竹编非物质文化遗产产业本身，具备了"非物质文化遗产＋旅游"的基础。

（五）创新性地打造非物质文化遗产主题旅游景区

旅游开发的资金需求甚大。企业以商业经营为目的对景区进行开发，必然研究其投入产出比、资金的投资收益率。因此，企业在景区开发的选址上非常慎重且苛刻。道明镇竹艺村的开发由政府主导，政府的投资更为有限，从访谈也了解到目前竹艺村尚有资金缺口。而在竹艺村的开发上，当地政府正创新性地开展工作。体现在：第一，保留林盘村落等生态本底，仅进行风貌改造；第二，不拆迁安置，以租用等方式节约前期成本，并让村民参与后期的经营，直接获得经济效益；第三，纳入社会主义新农村的建设点位，实现农村与景区的共同发展；第四，引入社会资本在政府统一规划下参与建设。这对其他非物质文化遗产主题景区开发而言，在节约投资、乡村建设、村民增收等方面具有较强的参考价值和借鉴意义。

第三节　非物质文化遗产+文化创意产业集聚区创新发展

一、文化创意产业集聚区的形成及发展因素

（一）文化创意产业集聚区的形成

从当代世界文化与经济的发展来看，创意产业对中国经济的全面协调发展和产业结构的进一步调整具有越来越重要的作用。近年来，我国创意产业已经取得很大发展，北京、上海、杭州、深圳等地的创意产业正在以前所未有的速度迅速崛起，形成了一批创意产业集聚区。目前国内创意产业集聚区的形成机制主要包括三种类型，即自上而下的政府引导推动型、自下而上自发形成型、自发形成与政府推动相互促进型。

（二）文化创意产业集聚区的发展因素

文化创意产业集聚区必须在充分认识创意产业自身属性的基础上寻找和构建其发展所需的环境。文化创意产业集聚区的发展环境必须同时具备社会、经济、文化、政治等四个因素。

文化创意产业集聚区形成和发展所需的社会因素包括人才因素和科技因

素。集聚区必须具备培养或吸引创意人才的能力，以地区独特的人文、生活环境及优厚的条件保障吸引创意人才积聚，同时还须具备创意产业发展所需的数字、网络、多媒体等现代信息技术基础。

经济因素包括企业因素和市场需求因素。集聚区必须具备吸引实力雄厚的创意企业和壮大创意企业规模的能力，同时要评估区域市场环境和需求，以多样化的市场需求带动产业发展，在市场环境尚未成熟时以公共机构带动需求。

文化因素要求集聚区的形成必须立足于本区域独特的文化积淀和氛围，对其进行创造性开发和利用，同时集聚区要具备工作、生活和旅游休闲相结合的区位条件，为创意人群提供宽松愉悦的环境。

政治因素实际上是指政府对发展文化创意产业的扶持和引导。首先，政府要加强知识产权的保护力度；其次，政府可以在产业政策上给予创意企业以财税等方面的优惠，吸引更多的企业投身创意产业；再次，政府可以多渠道筹措并合理地支配创意产业发展资金，为创意产业的发展提供资金保障；最后政府还可以在创意人才的培养和市场的培养等方面为创意产业提供保障。

二、典型案例：景德镇陶溪川

（一）项目基本情况

陶溪川是以陶瓷工业遗产保护利用为基础，融产业升级与城市更新于一体的商旅文项目。陶溪川由景德镇陶文旅集团旗下的全资国有企业——景德镇陶邑文化发展有限公司重点打造，以保护开发陶瓷工业遗产为己任，大力发展陶瓷文化创意产业和现代服务业，致力于城市文创产业内容供应和运营。

陶溪川一期以原宇宙瓷厂 22 栋老厂房为启动核心，建成陶溪川文创街区，于 2016 年 10 月 18 日正式开业。目前陶溪川已被文化和旅游部列入国家特色文化产业重点项目；入选首批国家级文化产业示范园区创建资格名单；荣膺联合国教科文组织 2017 年度亚太文化遗产保护创新奖；成功入选住建部城市双修产业升级与园区整合规划示范样板，成为 20 个全国城市设计经典案例。陶溪川现已成为景德镇与世界对话的新名片。

陶溪川二期建设项目的定位为"世界艺术创意交流平台、国家文化复兴先锋示范区、江西特色旅游目的地和城市工业文明保护典范"。按照项目的定位，遵循工厂改造、功能再造、文化塑造、环境营造的原则，抢救性保护工业文化遗产，构建陶溪川、学生村、窑作群、红店街四大板块文化创意产业集群。建设七十二坊陶冶图全景展厅、陶瓷工业遗产博物馆、学徒传习所等非物质文化遗产工艺展示场所，引进时尚品牌，导入现代经营理念，着力打造具有国际范的现代服务业集聚区。

（二）项目发展分析

1. 核心非物质文化遗产技艺：景德镇陶瓷

景德镇是闻名世界的千年瓷都。经考古发现，景德镇自唐代就开始生产瓷器，宋元时期发展迅速，明清时期成为全国的制瓷中心。景德镇手工制瓷技艺在宋代已基本确立，瓷业内部分工日益细化明确，并在手工制瓷过程中形成了独特的瓷业习俗，这也是景德镇制瓷史的重要组成部分。此外，景德镇瓷业建筑与营造技艺堪称一绝。景德镇传统制瓷作坊的"窑房"建筑，是中国工场手工业难得的场所物证，具有独特而丰富的历史价值、文化价值和旅游价值。2006年，首批国家级非物质文化遗产代表性名录中就收录了景德镇手工制瓷技艺与传统瓷窑作坊营造技艺两个项目，由此景德镇传统制瓷技艺之非物质文化遗产传承保护正式拉开序幕。

2006年5月20日，景德镇手工制瓷技艺被列入第一批国家级非物质文化遗产名录。2009年10月，"景德镇传统手工制瓷技艺"通过专家评审，正式代表中国申报联合国2010年"非物质文化遗产代表性名录"。

2. 从非物质文化遗产技艺到陶瓷文创产业

景德镇人社局2021年年底的统计数据显示，景德镇陶瓷产业领域从业人员数量接近15万。根据2021年统计，景德镇文化创意陶瓷产值达到112.6亿元。陶瓷文化创意产业已成为景德镇市最具有潜力的产业之一。2022年1至12月，景德镇陶瓷工业总产值达665.37亿元，同比增长28.95%，规模以上陶瓷企业203家，同比增长45%。

在目前陶溪川建成的8.9万平方米街区内，经过业态不断调整，用于文化产业的建筑面积达7.3万平方米。引进品牌企业超过170家，其中文化企业近150家，占企业总数的80%以上，主要包含陶瓷创意、文化传播、美术展览、艺术设计、非物质文化遗产保护、教育培训等，从业人数约4200人，占从业人员总数的80%以上。其他配套现代服务业比较完善，主要是餐饮、娱乐、商业、配套服务等。

三、案例借鉴

1. 工业遗产的活化利用

陶溪川以文化为基底，涵盖千年陶瓷非物质文化遗产文化和百年工业遗产，实现 100 年的近现代陶瓷工业遗产与 600 多年的明清御窑陶瓷文化联动。陶溪川核心启动区周边曾有 11 家国营老瓷厂，陶溪川陶瓷工业遗产众多，历史记忆丰富，是典型的城市老工业区。中心城区范围内有历史文化街区 1 处、国保单位 1 处、老窑址 6 处、传统老里弄 40 条、重要历史建筑 55 处、传统风貌建筑 320 处。

陶溪川的景观生产是在工业废弃地基础上建构而成的，宇宙瓷厂工业化时期的厂房、烟囱、机械设备等这些工业遗产是建构的基础，将这些视为可利用的资源进行了很好的再利用。陶溪川的建构过程就是将这些工业遗产作为文化资源进行活化利用，再生产出符合现代审美的艺术区景观的过程。陶溪川已成为景德镇的一个城市地标和旅游目的地，它体现了对工业文化遗产的承载和利用，以及与工业化历史、未来发展的连续性。

2. 通过艺术家驻场模式打造集聚区品牌形象

陶溪川通过驻场艺术家模式，即设立艺术家工作室，吸引国外的艺术家在当地驻留。艺术家们在这里创作，陶溪川为他们提供日常生活服务。艺术家创作的作品一部分就放在陶溪川进行展卖，以此吸引国内外各地的艺术收藏家来到这里。这种模式，吸引了来自欧美亚非 20 多个国家 45 位外国艺术家入驻，创作各类作品 218 件。引进 10 多家国外陶瓷机构，包括美国门县画廊、韩国青瓷研究所、韩国利川陶瓷协会，引进数十位国外陶瓷大师，如著名陶艺家、教育家安田猛，IAC 成员等。

3.传统非物质文化遗产技艺保护的全新探索

目前陶溪川已经在故宫博物院、北京国贸商城、重庆磁器口、青岛即墨等地开设品牌形象店。采取这种"走出去"战略，积极对外开拓，实行陶溪川品牌、文创产品输出及活动模式的整体输出，借助陶溪川这个平台，实现"传统＋时尚＋艺术＋科技"的深度融合，形成"陶溪川"文化现象。

陶溪川通过充分利用老厂房、老里弄、行帮会馆，打造工业遗产集聚区，为城市新兴产业集聚和功能提升创造空间载体；通过培育新的业态模式，为产业发展指明方向，引爆新的经济增长点，推动当地文创产业蓬勃发展；通过讲述陶瓷背后的故事，挖掘人文内涵和历史价值，弘扬工匠精神，为陶瓷非物质文化遗产保护作出了全新探索。

第四节　非物质文化遗产+文创衍生品开发

一、非物质文化遗产文创衍生品发展综述

一方面，创意为非物质文化遗产产品打开了一扇窗，让传统的技艺与服饰、邮品、家居用品等相结合，从而转化为新型工艺品，满足了各消费群体的需求。另一方面，非物质文化遗产衍生品的创意设计还启发了传承人要拓展、丰富非物质文化遗产主题及表现形式，扩大应用范围，挖掘出非物质文化遗产的多重

价值，生产更适应当代社会需求的作品。

2010年，扬州的中国剪纸博物馆推出剪纸艺术灯，将扬州剪纸与灯具相结合，表面采用皮绒布制作，运用剪纸形式刻画各种吉祥图案，内装阻燃隔板，耐高温，易清理。这款剪纸艺术灯具兼容了传统韵味与时尚美感，一问世就广受好评。通过非物质文化遗产衍生品，传统非物质文化遗产技艺得到了更多人的关注。非物质文化遗产衍生品的广阔市场，让衍生品生产成了文化开发中很显眼的一个领域。

"非物质文化遗产＋博物馆"模式下的非物质文化遗产衍生品也是目前比较流行的方式。这种模式极大地促进了文博创意衍生品的开发，已经成为众多研究人员普遍关注的焦点。加强文博创意衍生品开发，可以切实保护我国非物质文化遗产，开发出符合大众需求的文博创意衍生品，推动文化事业的长效发展与运作。

二、典型案例：广东醒狮文创衍生开发

（一）项目核心非物质文化遗产技艺：广东醒狮

广东醒狮属于中国舞狮中的南狮，是融武术、舞蹈、音乐等为一体的汉族民俗文化。历史上广东醒狮由唐代宫廷狮子舞脱胎而来，五代十国之后，随着中原移民的南迁，舞狮文化传入岭南地区，明代时期，醒狮出现在广东南海县（今广东佛山）。醒狮原名为瑞狮，意为吉祥如意，后被改为"醒狮"，寓意"醒狮醒国魂，击鼓振精神"。醒狮活动现广泛流传于南方地区以及海外华人社区，

成为海外侨胞认祖归宗的文化桥梁，其文化价值和影响十分深远。2006 年 5 月 20 日，广东醒狮经国务院批准列入第一批国家级非物质文化遗产名录。

（二）代表性开发案例

1.《醒·狮》舞台剧

大型民族舞剧《醒·狮》由广州歌舞剧院历经 5 年酝酿创作，这也是国内第一部以"醒狮"为题材的大型舞台剧。全剧以三元里抗英斗争为背景，以民族觉醒为主旨，用舞蹈讲述广东醒狮的故事，展现了两位舞狮少年面对爱恨情仇、家国大义不同人生抉择时的自我觉醒与成长。剧中融合了舞狮、南拳、蔡李佛拳、大头佛、英哥舞等各种极具岭南代表性文化符号，创造出独树一帜的岭南舞蹈语汇。

该剧在广州大剧院首次演出期间，场场爆满、一票难求，很多观众特地从广州以外的地方赶来。而剧中展现出多姿的岭南文化、厚重的民族情怀，以及南粤儿女壮怀激烈的家国大义，燃爆了现场所有观众，被称为"年度最燃舞台剧"。首演以来，《醒·狮》征服了各个年龄段的观众，同名纪录片及漫画等周边产品也在同步制作中。

作为一部以岭南传统文化为创作根基的作品，《醒·狮》可谓把醒狮文化和岭南文化挖掘展现到极致。舞剧中大量出现长凳舞蹈元素，来自醒狮和南拳练功所用狮凳；茶馆一段"扣指舞"则来自广东茶桌上的扣指礼仪；一段长棍变短棍的舞蹈则源自广东潮汕地区特有的非物质文化遗产舞蹈"英歌舞"；其中女主角头戴大头佛、手持葵扇的"引狮人"造型，也正是南狮中的特有传统。

此外，广东非物质文化遗产木鱼说唱等传统艺术也都融入其中。

2.《醒·意》醒狮月历文创礼盒

《醒·意》醒狮月历文创礼盒由广州市新华书店与半夏文化联合出品。"醒意"取自醒狮舞动送吉祥的好意头，"醒"为"醒目"，神采奕奕，醒目过人；"意"为"得意"，春风得意，事事顺利。《醒·意》的创作及设计灵感均来自岭南本土的非物质文化遗产，以广东醒狮为设计主线，结合南拳咏春、长板凳、岭南建筑、西关大屋等元素，精心制作出醒狮月历、咏春便笺纸、板凳 U 盘、收纳底座，以及精致独特的礼盒包装，整个礼盒将时尚、实用和传统文化融为一体，不仅大方实用，还能传承文化，寓意美满。当设计融合时尚、实用和传统文化于一体的时候，非物质文化遗产文创衍生品也能变成高级雅致的妙物。

3.《王者荣耀》醒狮文创开发

《王者荣耀》与佛山市南海区文化广电旅游体育局（醒狮非物质文化遗产申报方）围绕"醒狮非物质文化遗产文化"将跨界开展南海醒狮文创项目合作，游戏角色鲁班七号当选"南海醒狮非物质文化遗产推广大使"。《王者荣耀》致力于以游戏的形式，引导年轻人在"玩"的同时"学"到优秀的中国传统文化，感悟历史之美。在本次的文创合作中，设计师根据非物质文化遗产技艺南狮狮头扎作的形象、赋色和线条，提炼设计出了"鲁班七号——狮舞东方"新皮肤，希望通过经典的"南狮"形象，让玩家体验传统舞狮文化的魅力。

4."狮王阿醒"国潮文化 IP

2018 年 3 月在佛山诞生的"狮王阿醒"，是一个以中华"醒狮"传统文化

为原型创作的国潮品牌，由深圳冰橙子科技有限公司创作开发。2018年4月
16日，"狮王阿醒"的形象初形在北京电影节初次登场。同年8月，"狮王
阿醒"在深圳IP授权展初次亮相后，就以其鲜明的色彩和现代的设计感引起
广泛关注，短短几个月，国内ABCKIDS、华为、魔吻MOVER等众多品牌及
美吉特广场、广州龙狮会等纷纷开始与"狮王阿醒"进行品牌联动。2019年4
月14日，国内童装品牌ABCKIDS的营销发布会上，首次推出的"狮王阿醒
×ABCKIDS"联名系列童装，艳惊四座，成为全场亮眼的国潮原创设计。

三、案例借鉴

文创衍生产品的研发不仅要注重知识性，也要讲究实用性和趣味性，使文
创产品接地气，共同打造"坚持用母语表达，中华文化识别度高"的非物质文
化遗产文创产品。非物质文化遗产元素的加入，无疑更好地凸显了中国特色的
文化标签。一件成功的非物质文化遗产创意作品应较好地传递文化信息，体现
一定的人文关怀，又要能激发感官体验，满足购买者心理层面对文化消费的
诉求。

非物质文化遗产文创衍生品应从非物质文化遗产技艺所蕴含的丰富历史文
化信息中提炼出代表性的文化元素，准确把握文化特征与内涵，结合凝练的非
物质文化遗产技艺精髓，将传统文化符号与时尚元素有机结合，并给予实用功
能，同时赋予时代特征，打造出既具有时尚气息又不失非物质文化遗产独特魅
力与内涵的文创衍生品。

第五节　非物质文化遗产+品牌跨界开发

一、非物质文化遗产品牌跨界开发综述

清华大学文化经济研究院于 2019 年发布的《新文创消费趋势报告》显示，品牌跨界产品在电商平台上的销售业绩是博物馆自营文创衍生品的三倍。国际授权业协会主席莫拉·里根指出，目前授权业集中在媒体和娱乐行业，但是随着科技发展，人们更容易接触到艺术品，文化和艺术机构日益成为授权业的支柱。

有着悠久历史的中国文化，蕴含着取之不尽的巧思和创意，学术价值、历史价值丰厚的非物质文化遗产也开始了它的商业化道路。为了保存和发扬我们的文化遗产，必须推广和保护传统艺术。非物质文化遗产文化 IP 与品牌联名的形式，一方面能够为品牌增值，扩大销量。另一方面将传统艺术和现代潮流结合，拓展艺术的生命力。

但是，不同于拥有庞大旅游消费人群的博物馆，非物质文化遗产往往因小众而停留在观赏、展览阶段，对于这些机构和传承人来说，从整合生产到市场营销都是相对陌生的领域，商业化之路困难重重。

二、典型案例：藏羌织绣品牌跨界合作

（一）项目基本情况

藏羌织绣，是"藏族编织、挑花刺绣"和"羌绣"的合称，二者均为国家级非物质文化遗产代表作。藏羌织绣有着悠久的历史，早在新石器时代就已经发端。工艺大致可以分为编织和挑花刺绣两个大类，主要以毛、麻、棉和桑蚕丝为原材料进行制作，是千百年来藏族、羌族为适应当地特殊地理环境和气候条件，充分利用当地资源，在不断创新和融合的基础上形成的，具有浓郁的民族特色和鲜明的地域特色。杨华珍是国家级非物质文化遗产藏族编织挑花刺绣代表性传承人、四川工艺美术大师、联合国教科文民间艺术组织会员、四川艺术职业学院杨华珍大师工作室学术带头人。几年来，已累计培训出上千名"绣娘"，向国内外推销民族织绣产品，让更多的人认识羌绣、认识四川、认识宝贵的非物质文化遗产手工技艺。

为了使藏族织绣与羌绣技艺可以同时得到保护和发展，杨华珍长期深入藏羌民族自居地收集藏羌织绣传统技法制作的作品，并进一步整理、修复、融合、创新，对藏羌织绣技艺进行抢救性保护。至今，杨华珍的团队已收集藏羌织绣服饰图案 600 种以上；藏羌织绣挑花刺绣绣片 920 余件；藏族毛编织、麻编织、布编织（各种编织腰带、鞋带、呷乌带）样品 260 余件。对藏族挑花、刺绣的基本技法和针法进行了较为系统的整理与归纳。恢复了《天地吉祥》《释迦牟尼说法》《四臂观音》等藏族、羌族传统挑花刺绣作品。

（二）代表性开发案例

1.藏羌绣与星巴克

非物质文化遗产授权为藏羌绣、花丝镶嵌等非物质文化遗产技艺赋能，给非物质文化遗产品牌跨界合作带来创新发展之路。2015 年，星巴克邀请杨华珍设计羌绣星享卡。这款暗黑色磨砂底纹加上白色山茶花的设计，风格简洁大气，一上市即吸引了大批网友追捧。推出第一天，星巴克星享卡销售超额完成 21%。

2.藏羌绣与植村秀

2014 年，著名化妆品牌植村秀主动与藏羌绣寻求合作。在此之前，也曾有国际品牌在发现羌绣之美后找上门来，让当地妇女在鞋子或者围巾上手工绣上美丽的图案。这种代工的附加值相当低，她们只能拿到手工这部分有限的酬劳，而因手工图案身价倍增的品牌，在宣传或者销售时，并不会出现绣娘的名字。

植村秀邀请杨华珍为两款限量版洁颜油进行瓶体图案设计。杨华珍以羌族茶花为主题进行创意设计，取名"生生不息"。植村秀全球创意艺术总监看到这蕴含绚丽色彩的绣稿时，深受触动，他表示感受到一种永恒之美，并坚信这种中国传统艺术会触动公众的心灵。

3.藏羌绣与爱马仕

2020 年年初，杨华珍第五次前往香港（中国）国际授权展。爱马仕品牌代理商看中了杨华珍的五米刺绣长卷《莲花化生图》和羌绣绣品《十二月花》，两幅作品繁复华丽，又饱含神秘气质，与爱马仕的丝巾风格颇为契合。在即将开始与爱马仕品牌的合作中，杨华珍并非把作品签约授权了事。未来，她还要与品牌方设计师一起拆分图案，一起设计产品，避免传统文化被误读。在过去几年间，与包括爱马仕、巴宝莉在内的多家品牌合作，给杨华珍带来了 800 多万元的收益。

三、案例借鉴

从杨华珍与星巴克、植村秀、COLORKEY，ZURI 珠宝首饰等品牌的合作过程来看，与品牌合作的重要一环，是在保留文化精髓的同时进行二次创作，而不仅仅是将图案印在商品上这么简单。通常她都会根据品牌的需求和定位，在充分了解产品成分和品牌内涵的基础上，结合藏羌织绣的艺术，为产品量身定做一款设计。

非物质文化遗产传承人所生活的土地和自然是所有创作的灵感来源。关于创意和设计以及艺术，非物质文化遗产传承人是专家，但是涉及经营和商业方面的事务他们并不那么了解，而文化 IP 的发展离不开优秀的作品，也需要市场化的传播方式。在品牌跨界合作业务上，需要专业化运作的团队，帮助这些非物质文化遗产传承人的文化创意作品寻找合适的品牌方，即为创意寻找契合的载体，推出契合 IP 属性和品牌调性的产品之后，将产品推向广阔的消费市场，再通过定期参与展会、开办个展、举办研学团的形式进一步拓展 IP 的知名度和影响力，吸引更多国际品牌和企业关注。专业团队能够给非物质文化遗产传承人带来稀缺的渠道和资源，将非物质文化遗产作品融入消费者的日常生活。

随着授权业的蓬勃发展，为推动经济增长积极贡献力量。非物质文化遗产传承人更应把握机会升级转型，与时俱进，探索各种品牌跨界合作的可能性。

第六节　非物质文化遗产融入文创产业的创新发展模式及策略

前文对非物质文化遗产的社会现状进行了描摹，在当前社会经济环境下，非物质文化遗产的传承与发扬存在较大的困境，这种困境推动着社会各界不遗余力地探索对传统文化保护、文化多样性保护与传承等工作的有效路径。而随着文创产业不断发展并逐渐成为国民经济支柱产业，非物质文化遗产与文创产业的融合也愈加频繁，并在实践中形成了多种路径。

一、普遍性的模式

（一）自发模式

非物质文化遗产传承至今虽面临困境，但跟随社会进步的脚步却从未停止。非物质文化遗产项目对传承人、从业者而言，仍是其重要的谋生手段、工具和技能。因此，传承人或从业者仍不断精进其技艺，竭力保护非物质文化遗产这一传统文化。以文创的开发思维，在产品开发、与其他市场主体合作、现代商业运作、运用新兴技术等多个方面，与当前社会生活相结合，开发出符合现代生活的产品，以获得更多的经济收益，满足其生存和发展的需求。这是非物质文化遗产传承的内部驱动力量，是自发的、主动的。

这一类型的非物质文化遗产项目以传统美术、技艺类为主，其产品无法规模化、工业化生产，或是其核心工艺工序为手工生产工序，无法被工业生产替代（替代后即变成衍生品）。但为了更好地适应市场，这种自发的行为也开始依托非物质文化遗产技艺，进行衍生品的开发。

受制于非物质文化遗产对当下社会生活的适应性，非物质文化遗产传承人和从业者自身的现代化设计、生产、营销、传播等能力的局限，以及资金的局限，这种自发的行为在非物质文化遗产行业内部还比较少。在政府、民间及市场的推动下，非物质文化遗产传承人与具有现代商业经营能力的团队合作，这种行为对非物质文化遗产的开发而言，是行之有效的弥补。

（二）产业开发模式

非物质文化遗产的产业开发模式比较集中在酒类、食品类、医药类非物质文化遗产项目。这些非物质文化遗产项目与日常生活联系非常紧密，本身就具有广阔的消费市场或者能解决某些群体特别的需求（如病患群体）。时至今日，这些项目仍旧采用传统的配方和工艺，以保障其产品质量或功效，仅部分非重要的工艺环节被工业化生产代替。

这些项目市场化程度高，因此围绕核心，进行全产业链的开发与延展，以资本化、品牌化、市场化、规模化等手段运作，以增强竞争力、占有更大的市场份额和提升利润空间。如泸州老窖以白酒产业为核心，2023 年营业收入219.43 亿元，同比增长 25.21%。在产业化发展的探索与实践中，积极拓展产业链条，从打造创新产业示范园、物流公司以及旅游景区等维度多管齐下，多点发力，以增强其营收能力和品牌价值。如以壮族民间医药资源为依托、由桂林三金药业股份有限公司生产的"三金片"，自 1974 年上市，于 1978 年荣获全国科技大会重大科技成果奖，目前在全国药店均有销售，取得了良好的品牌效应、经济效益和社会效益。

（三）跨界模式

非物质文化遗产与其他产业的跨界融合，是非物质文化遗产文创又一典型模式。非物质文化遗产具有强烈的文化属性，对其他产业的赋能效应明显。而非物质文化遗产的地域性特征使之在与旅游业的融合中，发挥了重要的作用。因此，非物质文化遗产的跨界模式，在旅游业中应用得比较多，这不仅仅丰富了旅游服务，也赋予了景区的文化独特性、差异性和文化体验性。跨界模式在非物质文化遗产保护、非物质文化遗产文化传播等方面取得了良好的效果。

在"新国潮"流行的今天，非物质文化遗产与日化等快消品的跨界合作也得到了市场的认可，特别是美妆护肤领域。改革开放以来，该领域存在欧美、日韩的审美倾向，大多数化妆品来源于欧美、日韩。在西方价值观和审美的冲击下，中国传统文化曾一度落寞。而近年来，伴随着中国国力的强盛，中国制造业的崛起，以及流行文化中影视文化对中国传统题材的发掘，影响了新生代消费群体，在审美倾向上开始对中国传统文化感兴趣，呈现出回归传统、探索传统审美的趋势。因此，传统的化妆品国货品牌，以及化妆品行业的新兴品牌，为找到文化定位，开始挖掘传统文化。如相宜本草、佰草集等品牌以传统中医药文化为宝库，开发产品。非物质文化遗产是传统文化、传统智慧的结晶，在"新国潮"趋势下，非物质文化遗产与日化等快消品品牌的合作，将出现更多的案例与实践。

（四）IP 输出模式

对众多难以用实物呈现的非物质文化遗产项目（如民间文学、传统音乐、曲艺、传统舞蹈等）而言，IP 输出模式是其文创开发的重要路径。非物质文化遗产蕴含一个民族的共同记忆、审美经验以及价值观等众多精神层面的内容，其价值导向、审美经验等是与当下契合的。因此，将文创产业中的动漫、影视、游戏等现代表现手法对传统非物质文化遗产进行演绎，或是以非物质文化遗产元素对现代文创产品进行丰富与提升，具备广泛的受众基础，也符合接受群体的审美期待。同时现代文创产品本身也需要题材，丰富的非物质文化遗产资源为现代文创产品开发提供了大量的题材。这种良性的互动关系，将为社会带来更多的非物质文化遗产动漫影视作品。

非物质文化遗产对其他行业的知识产权授权，也是非物质文化遗产 IP 输出的一大途径。每年开展的香港授权展、每两年开展的成都国际非物质文化遗产节，都是非物质文化遗产授权的重要载体。非物质文化遗产是活态的传承，每一代传承人都在传承的过程中对非物质文化遗产进行丰富与革新，因此，非物质文化遗产里存在众多原创性的设计或是依托非物质文化遗产技艺的创新，特别是传统美术、传统技艺、传统音乐等类别。以非物质文化遗产原创图案、设计、音乐等对其他行业授权，开发出更具文化底蕴及内涵的产品，或是更符合目标消费市场的产品。

二、主动融合与被动融合

（一）主动融合

根据前述普遍性模式的分析，非物质文化遗产与文创产业的主动融合，主要体现在三方面：一是非物质文化遗产传承人、从业者自身主动地以文创开发的思路进行产品开发。二是已经产业化发展的非物质文化遗产项目，运用文创开发思维，依靠市场、资本推动，极力增强其市场竞争力、资产保值增值能力以及资本市场的运作能力，从而扩大市场规模，占有更多的市场。三是非物质文化遗产知识产权授权。

（二）被动融合

由于非物质文化遗产包罗万象，各种类别存在发展的不均衡性，某些类别的项目（如民间文学、传统音乐等）缺乏有效的市场转化机制，难以转换为经济效益。即便传承人具有强烈的市场意识，但是受制于或受限于团队、资金、资源、技术等现代化的生产要素，靠自身能力也难以发展。况且，大多数传承人或从业者不具备现代市场意识或技能。

非物质文化遗产作为传统文化资源，拥有庞大的 IP，现代市场主体对非物质文化遗产资源的挖掘与运用，实现了非物质文化遗产的赋能。这种情况多发生在非物质文化遗产与旅游业的融合、非物质文化遗产衍生品开发、非物质文化遗产演艺产品开发以及现代动漫影视游戏等产品对非物质文化遗产题材及非物质文化遗产元素的运用等方面。这些以现代市场主体为驱动、以非物质文化遗产资源为发掘对象的情形，其主要驱动力与非物质文化遗产本身无关，与传承人无关，体现了非物质文化遗产与文创产业的被动融合。

三、推动力量：政府、民间与市场

在非物质文化遗产与文创产业融合发展的过程中，主要的推动力有政府、民间与市场。由于非物质文化遗产的文化特殊性，在传承与发扬传统文化、保护非物质文化遗产、保护文化多样性的驱动下，以及非物质文化遗产本身具有的科普教育功能，其社会效益是非常显著的。因此，政府、民间（传承人、非政府组织）对非物质文化遗产保护、非物质文化遗产融入文创产业的推动力度较大。

（一）政府推动

政府从宏观的立法、促进政策落实及城市发展的角度，对非物质文化遗产保护、非物质文化遗产文创开发进行有力的推动。

首先，政府在立法及宏观政策层面，解决非物质文化遗产保护与传承、非物质文化遗产的文创开发等问题。为此，出台非物质文化遗产法，以及与之相关的著作权法、文化产业促进法等法律法规，2017 年，中共中央、国务院出台了《关于实施中华优秀传统文化传承发展工程的意见》等指导性文件。在非物质文化遗产法的指导下，建立起了"国家—省—市—区县"的非物质文化遗产保护体系。各级地方政府也出台了相应的地方性法律法规，推动非物质文化遗产的保护与传承，推动非物质文化遗产的文创开发。

其次，鉴于文创产业在国民经济中的重要地位，各级政府积极推动文创产业的发展，以地方性促进政策为指导，以文创集聚区、文创产业园、影音娱乐产业园等作为空间载体，推动非物质文化遗产与文创的结合，推动非物质文化遗产的文创产业化开发，促进城市经济的发展和产业结构的升级。

最后，充分挖掘非物质文化遗产的地域性、独特性特征，将非物质文化遗产作为城市独有的文化元素，作为城市营销推广的重要工具及载体。

（二）民间推动

来自民间的非物质文化遗产文创推动力量，是政府力量的重要补充，具有公益性、文化保护与传承的特征，主要体现在三个方面：

一是非物质文化遗产传承人、从业者，作为与非物质文化遗产项目密切相关的群体，担负非物质文化遗产保护和传承的重要责任与使命。从功利的角度而言，非物质文化遗产项目本身是这一群体安身立命的基础和手段，传承人主动对非物质文化遗产文创的开发和推动，是其获取经济收益的途径。

二是在相关政府主管单位指导下的非物质文化遗产行业协会。非物质文化遗产行业协会在协助非物质文化遗产传承人获取社会资源、促进文化传播等方面，推动非物质文化遗产及非物质文化遗产文创的发展。

三是民间非政府组织（NGO，Non-Governmental Organizations）。国际国内有众多与文化传播、文化多样性保护的非营利性组织，以资金资助、资源整合、深度参与项目等形式参与非物质文化遗产的保护与传播，与现代元素结合的非物质文化遗产文创是其保护和传播的重要途径。

（三）市场推动

我们身处社会主义市场经济环境中，产业发展最大的力量来源于市场的推动。政府对非物质文化遗产文创的推动是宏观的，以法律法规、宏观政策等营造良好的发展环境。民间的推动是辅助的、主要以公益性导向（文化及文化多样性保护、资源整合、培育内部能力）推动非物质文化遗产文创的发展。而非物质文化遗产文创最重要的推动力来自市场各参与主体在法律法规及政策指导之下开展的经营工作，在文化保护与商业价值平衡的前提下，使之更具经济效益，从而产生直接的动力。

因此，在非物质文化遗产"生产性保护"原则下，必须以市场为导向，创造、迎合、引领市场需求，获得市场认可，实现非物质文化遗产文创的经济效益。

四、非物质文化遗产融入文创产业的创新发展策略

当前非物质文化遗产与文创产业的融合，是非物质文化遗产保护与传承的有效途径，在实施过程中也遇到一些实际的问题，这主要体现在商业化与文化保护间的平衡、人才培育、信息对称、资源整合等方面。因此，对问题的梳理、解决，将进一步推动非物质文化遗产与文创产业的融合。

（一）商业化与文化保护的平衡

非物质文化遗产的产业化发展必然以商业价值为导向，而对非物质文化遗产的保护则拒绝过度的商业化。过度的商业化会导致文化的消解、误读或通俗解读，破坏文化的含义，带来负面的社会评价。因此，在非物质文化遗产融入

文创产业发展过程中，我们认为，应特别注意非物质文化遗产的文化属性与商业经济价值的均衡发展。这种均衡是以不丧失非物质文化遗产的文化特性为下限，以此为基础追求商业价值。另外，这种平衡也是非物质文化遗产传统技艺与现代生活、现代审美的平衡，如"新国潮""现代中式"设计风格的出现，就是传统文化与现代审美平衡的重要表征。在实践中，非物质文化遗产授权、非物质文化遗产 IP 输出、非物质文化遗产衍生品开发是这种平衡的有效路径。

（二）非物质文化遗产文创人才培育

如前所述，目前的非物质文化遗产传承人、从业者自身的文化层次、现代商业技能等存在局限，缺乏非物质文化遗产文创开发的能力，缺乏现代商业运作能力。非物质文化遗产与现代生活、现代审美的结合，需要诸多专业的技能。而且现代工具对非物质文化遗产创作、产品生产有重大的促进作用，如计算机设计软件、图形图像处理软件等，能有效地辅助创作、提升工作效率；电商平台的运用，能提升交易效率和频率。但目前大量的非物质文化遗产传承人不具备这些现代专业技能，导致非物质文化遗产的经济价值转换存在较大的难度。

因此，在社会各界的推动下，从培育内生能力的角度提升非物质文化遗产传承人的现代技能，使之具备适应现代商业社会的能力，开发出符合当下生活的产品，提升其收益，促进非物质文化遗产技艺的保护与非物质文化遗产文创的发展。同时，从多个领域培育致力于非物质文化遗产文创的人才，让更多的力量参与到非物质文化遗产文创开发中去，这将是非物质文化遗产融入文创产业的重要手段。

（三）注重文化的潜移默化功能

现代商业社会，注重消费风潮的影响以及消费习惯的培育。化妆品行业的"新国潮"现象，就是各种文化现象共同影响的结果，这表现为古装宫廷剧、故宫文创、文化节目（如《舌尖上的中国》《风味人间》《丝绸之路》等）的风靡，这使传统文化被重新审视，也让社会群体感受到传统文化的美学价值和实用价值。

非物质文化遗产作为传统文化的瑰宝，具有传统文化教育、科普教育、审美教育等多种功能。如非物质文化遗产里二十四节气在气候、农业生产、天文等方面的科学价值，传承至今的手工造纸技术、传统中医药、民族医药的科普及实用价值，以及传统音乐、美术、曲艺、舞蹈的审美教育功能。提高非物质文化遗产传统文化在学校教育的比重，加强传统文化在社会的传播，让非物质文化遗产、传统文化更深刻、更广泛地影响当下社会群体，让非物质文化遗产文创拥有更广阔的市场空间，让非物质文化遗产大放异彩、焕发生机！

参考文献

[1] 张军华.青少年心理健康的循证研究 [M].南京：南京大学出版社，2022.12.206.

[2] 万传华.健康中国战略下国民心理健康法治保障研究 [M].北京：中国政法大学出版社 :2022.10.289.

[3] 俞国良.心理健康教育理论政策研究 [M].北京：北京师范大学出版社，2020.07.362.

[4] 吴正阳.广西非物质文化遗产产业化初探 [D].广西：广西民族大学，2023.

[5] 王光杰.非物质文化遗产产业化的知识产权保护研究 [D].昆明：昆明理工大学，2023.

[6] 商庆富.基于博弈论的日照市非物质文化遗产产业化开发研究 [D].曲阜：曲阜师范大学，2022.

[7] 齐彬.湘潭市非物质文化遗产保护与传承政府责任 [D].湘潭：湘潭大学，2019.

[8] 胡沛文.基于扎根理论对我国体育非物质文化遗产产业化开发路径的研究 [D].深圳：深圳大学，2019.

[9] 王晓蕾 . 黔西南州布依族非物质文化遗产产业化研究 [D].昆明：云南大学，2019.

[10] 马晓菲 . 满族非物质文化遗产产业化研究 [D].沈阳：沈阳建筑大学，2018.

[11] 黄薇然 . 基于产业化视角下的非物质文化遗产保护与开发 [D].成都：西南交通大学，2017.

[12] 古丽巴哈尔·塞麦提 . 世界非物质文化遗产维吾尔木卡姆的保护和旅游开发研究 [D].乌鲁木齐：新疆师范大学，2016.

[13] 苗苗 . 山西省太谷县非物质文化遗产研究 [D].咸阳：西藏民族大学，2016.

[14] 秦叶 . 非物质文化遗产的产业化问题研究 [D].济南：山东师范大学，2016.

[15] 刘石磊 . 非物质文化遗产产业化法律规制研究 [D].石家庄：河北师范大学，2015.

[16] 马乐平 . 非物质文化遗产产业化园区项目的可行性研究分析 [D].上海：上海大学，2015.

[17] 王丹凤 . 衡水非物质文化遗产内画艺术的产业化探究 [D].石家庄：河北师范大学，2014.

[18] 杨维 . 非物质文化遗产生产性保护诸问题研究 [D].北京：中国艺术研究院，2014.

[19] 王男 . 产业化背景下河南省非物质文化遗产的传播理念和路径 [D]. 保定：河北大学，2014.

[20] 丁梦云 . 非物质文化遗产产业化开发研究 [D]. 芜湖：安徽师范大学，2014.

[21] 裘杰 . 宁波海洋非物质文化遗产创意产业化开发研究 [D]. 杭州：浙江工业大学，2014.

[22] 任奎菊 . 临沂市非物质文化遗产产业化研究 [D]. 南宁：广西大学，2013.

[23] 梁燕珍，黄雪莹，严晓君等 . 连南瑶绣非物质文化遗产的传承与发展研究 [J]. 文化创新比较研究，2022，6(25):113-117.

[24] 申若希，吕林雪 . 元宇宙在北京雕漆数字化的创新融合应用研究 [J]. 包装工程，2022，43(S1):283-288.

[25] 冯前林 . 科技创新促进山西非物质文化遗产产业化发展研究 [J]. 晋中学院学报，2021，38(05):31-35.

[26] 都永浩，左岫仙 . 鄂伦春族非物质文化遗产保护、传承与弘扬研究 [J]. 黑龙江民族丛刊，2021，(04):129-135.

[27] 王海荣，邓雪霏，王海凤 . 产业化背景下黑龙江省农业非物质文化遗产发展研究 [J]. 农业经济，2021，(03):27-30.

[28] 裴紫娟，朱华欣 . "非遗"汉绣产业化发展的工业设计创新探究 [J]. 美术教育研究，2019，(16):39-40.

[29] 李奇辰，金燕红．论现代化视野下非物质文化遗产的传承创新——以火笔画为例 [J]. 安顺学院学报，2018，20(03):52-55.

[30] 叶近近，王艳娣．"一带一路"背景下的海洋非物质文化遗产的传承及产业化发展的创新研究——以舟山海洋非遗文化传承为例 [J]. 特区经济，2017，(12):44-47.

[31] 孙斐．非物质文化遗产"秦绣"的传承创新与产业化研究 [J]. 美术大观，2016，(07):104-105.

[32] 杨扬．非物质文化遗产传承及创新途径探索 [J]. 才智，2016，(13):210-211.

[33] 张景明，杨晨霞．美术类非物质文化遗产衍生品产业化前景及发展路径探析——从辽宁省文化产业的发展状况论起 [J]. 通化师范学院学报，2016，37(03):13-18.

[34] 邹宁宁．谈谈新形势下非物质文化遗产保护 [J]. 兰台世界，2015，(35):130-131.

[35] 李奇辰，周锐．探究合肥火笔画的产业化开发 [J]. 山东农业工程学院学报，2015，32(03):152-155.

[36] 周燕．四川安岳县非物质文化遗产技艺生存现状调研 [J]. 艺术科技，2015，28(05):87.

[37] 赵洋．非物质文化遗产的保护和开发——兼论泉州市文化产业走向 [J]. 吉林艺术学院学报，2013，(02):46-49.